日本史の謎は「地形」で解ける
【日本人の起源篇】

竹村公太郎

PHP文庫

○本表紙図柄＝ロゼッタ・ストーン(大英博物館蔵)
○本表紙デザイン＋紋章＝上田晃郷

まえがき

◎日本全国の土地

土木の河川分野の水資源開発や洪水対策という仕事をしていた関係で、私は転勤を繰り返す人生を過ごしてきた。住んだ都府県を北から列挙すると、宮城県、福島県、新潟県、埼玉県、東京都、神奈川県、愛知県、大阪府そして広島県となる。もちろん出張で北海道、四国、九州にも何度も行った。

私が誰よりも誇れるのは日本全国の土地を知っていることである。知っているというのは、その土地の細部を知り尽くしているということではない。他所の地と比較してその差異に気が付き、住んでいる人々よりその土地の歴史や習慣に感動してしまう点である。

◎大阪上町台地で地形と歴史の出会い

転勤族の私の最後の勤務地は大阪だった。大阪は歴史の宝庫であり、その大阪の上町台地の地形と歴史が重なった。かつて本願寺の拠点が上町台地の大坂城跡にあったという事実に驚かされ、信長の本願寺11年戦争の謎が解けていった。これをきっかけに全国の地形と歴史の解読が始まっていった。歴史の謎を地形から解いていく醍醐味《だいごみ》は快かった。日本各地について行った謎解きを、ＰＨＰ文庫から三部作として出版させていただいた。

本書の範囲は日本列島から飛び出して、アジア、さらに世界規模の地形と気象と日本人史まで及んだ。10万年前からの日本人の生き方を物語ることになるとは夢にも思わなかった。この物語は妄想ではない。全ての物語の起点は、第4章の（図4－3）となっている。

◎日本人起源史

108〜109ページの（図4－3）は、本書だけで見られる32万年前からの地球の気温の変遷図である。他の本でこのような図は見たことがない。この図の原データと図の誕生の経緯と、技術的手法は本文で述べた。地球の温度変化図に日本考古学の先端を切り開いている方々の遺跡発掘の成果を乗せてみた。その図を凝視《ぎょうし》し続けていたら、途方もなく壮大な日本人の物語が生まれていった。

読者の方々に是非この物語を検証していただきたい。データは全て開示してある。筆者の物語がどこかでとんでもない方向に分岐したのか、一つの日本人起源史として議論されてもいいのか。視点を変えることで異なった物語が生まれてくるのか。

遺跡発掘を進めている日本の考古学者たちは常識を完全に覆《くつがえ》す地平を切り開こうとしている。驚嘆の思いで日本考古学の方々を尊敬し成果を評価している。この成果を地形と気象の視点から世に伝えたいという思いが、本書の物語の発想への原動力となった。

日本史の謎は「地形」で解ける【日本人の起源篇】❖目次

第1章　日本語はなぜ特異な言語となったのか

母音が少なく、語彙が非常に多い言語を生んだ「氷河期」

第2章

ヒトはなぜ、直立二足歩行したのか？

サバンナ説とアクア説

第5章 なぜ日本人はロボットを仲間だと見なすのか

侵略から免れた国の共同体文化

第6章 工業地帯に囲まれた東京湾の魚介類がなぜおいしいのか

利根川の地下水の奇跡

第7章 なぜ中部地方でモノづくりがさかんになったのか

情報ととじこもり

第8章　「赤穂浪士の討ち入り」謎解き完結編

地形が示す動かぬ証拠

第9章

国土を造った「流域」は、なぜ崩壊し、なぜ再生するのか

日本の治水400年史

第10章

日本文明インフラの礎である「治水の原則」とは？

1cmでも10cmでも低く

第11章
なぜ1930年代生まれの行政官たちは、驚くべき判断を下したのか

私的世代論

第1章

日本語はなぜ特異な言語となったのか

母音が少なく、語彙が非常に多い言語を生んだ「氷河期」

「なぜ、英語がうまくならないのか？」。ずーっと不思議に思っていた。

私の英語の勉強は中学校から始まり、高校では受験勉強、大学では英語の教科書を読み、社会人になってダム事業に携わったときは米国フーバーダムの設計と施工の英語書籍と付き合ってきた。30歳代の1年間、米国ニューオリンズに派遣され英語だけの生活もした。その後も海外業務出張や国際会議にも参加した。決して英語を嫌っていなかったし努力もした。だが、どうしても身に付かなかった。五十歳を過ぎたあるとき、日本語の発声音は外国語に比べ異常なほどに少ないことに気がついた。日本語は１２０個程度の発声音しかない。

なぜなんだ？　本屋で言語学専門の書籍を読んでも明確に説明してくれていない。英語にコンプレックスを抱えていた私は自分でその謎に挑みたくなった。

言語の謎の山登りを、「地形と気象」のルートから攻めていくことにした。言語学は精緻《せいち》で奥深い学問分野である。多くの優れた研究者や作家たちが、言語の謎の山に登攀《とうはん》している。言語学の専門外の私が地形と気象ルートを進むのなら、彼ら専門家たちにも迷惑をかけないだろう、という甘えもあった。

ところが地形と気象を頼りに日本語の不思議さ、日本語の謎を解き明かそうと進むと、「人類の起源」という途方もない世界に入って行ってしまった。

◇――ＡＩ翻訳

アジア開発銀行（ＡＤＢ）の関係者から原稿を頼まれた。要望された原稿内容は日本の「水管理と文化」に関してであった。私は「日本の流域管理の４００年小史」を頭の中で考えていた。江戸時代の農村共同体の誕生と水争い、そして近代の都市用水の参入と合意形成を成功させたダム建設と水配分ルールであった。

１年前なら断った。理由は英文での提出だったからだ。専門的でやっかいな水争いと合意形成の歴史を英文化するのは手に余る。しかし、今はＡＩがある。ＡＩを自分で操作はできないが、パソコンが得意な若い人に頼めばあっという間である。

和文草稿を後輩に預けた後、日本語の世界発信の障害がなくなっていく未来を感じた。いや、障害の解消ではなく、日本語の有利さが増していくのではないかという思いであった。

◇――異常な日本語「発声音数」

日本語は世界の中で異常といっていいほど特異な言語である。まず発声音数が少ない。

日本語の発声音数は、せいぜい120個前後である。退屈な会議のときに、発声音数を何度も数えた。あ、か、さ、た、な、の五十音で約50個。が、ぎ、ぐ、げ、ご、の濁音で20個。ぱ、ぴ、ぴゅ、ぺ、ぴょ、などで20個前後。このようにしてカウントしていくと、総計120個前後の発声音数しか数えられない。

日本語の発声音は母音が中心である。例えば「ティッシュ」の子音の「ティ」は、最近、日本語の発声音の仲間になった。しかし、30年前、お年寄りは発音できなくて「テッシュ」と発音して若者の笑いを誘っていた。

世界各国の言語の発声音は遥かに多い。日本語の音数約120に対して、隣国の韓国語は約500、英語は約2000、そして中国語は強弱の変化も含めて何千あるか数え切れないという。もちろんその発声音数はほぼ子音で占めている。図1-

図1-1　世界の発声音数

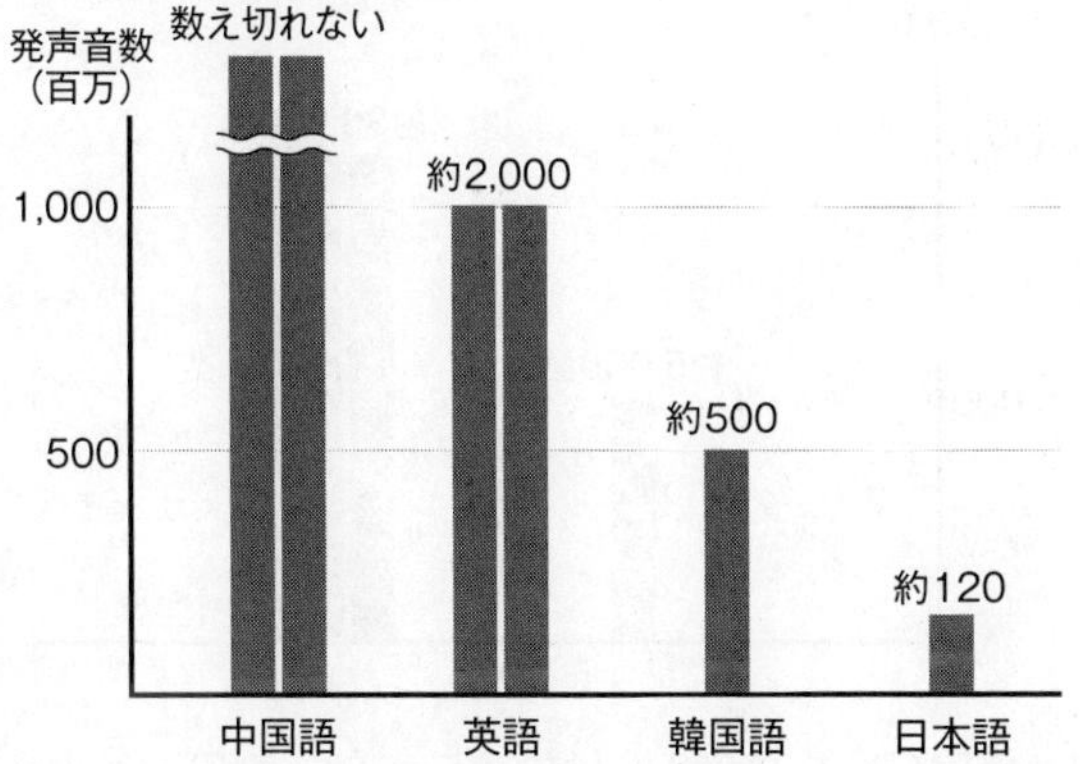

出典：エデュケーショナル・テスティング・サービス

1でその状況を示した。

発声音は会話の基本である。語学力テストでも、先進国の中で最も劣るのは日本であり、発展途上国を含めても日本は１６４カ国中１５５位であったという（エデュケーショナル・テスティング・サービスによる）。

発声音が少ないことが、日本人の語学力が低い原因であることははっきりしている。

発声音が極端に少ない日本人は情報伝達ができないのか？

図1-2　一般会話での語彙数

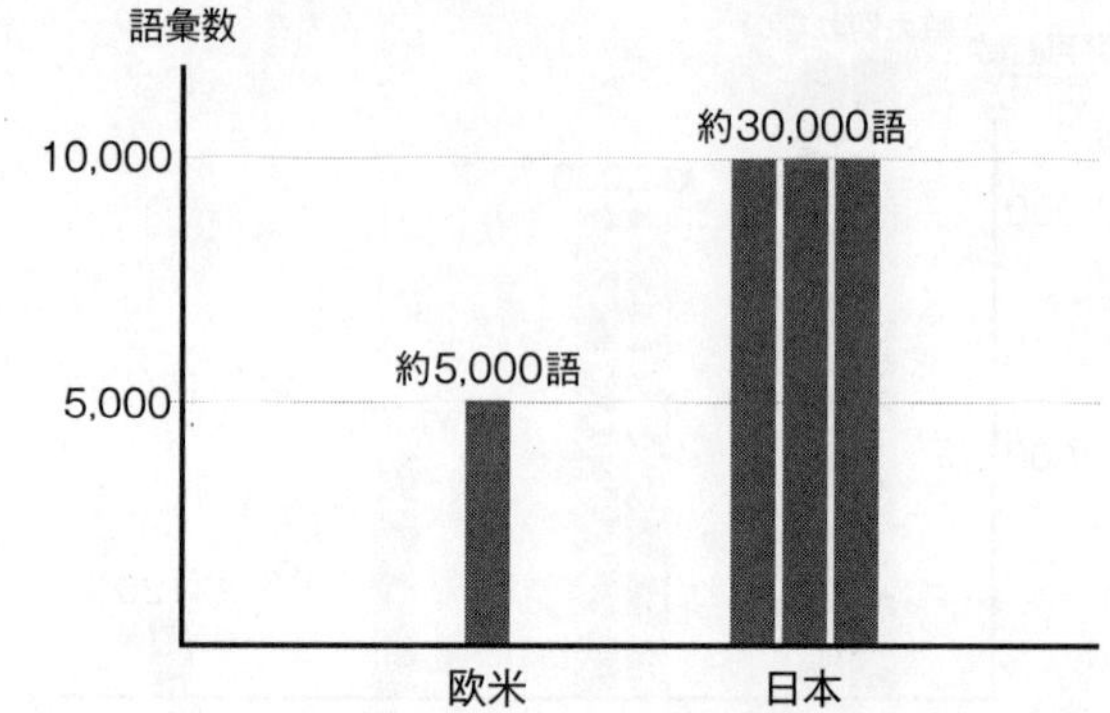

出典：欧米『話を聞かない男、地図が読めない女』アラン・ピーズ／バーバラ・ピーズ
日本『例解小学国語辞典』三省堂

◇——異常に多い日本語の「語彙」

情報伝達の根本は言語であるなら、子音発音が極端に少ない日本語は情報伝達にとって不利なのか。

言語といっても2つの手段がある。発声と文字である。日本語の発声は極めて貧弱だが、文字言語つまり語彙《ごい》は圧倒的に豊富である。

英語と日本語の語彙の数の比較を図1-2で行った。普通の米国人の大人が会話するのに必要な語彙は約5000語で十分足りるという。それに対して日本の小学6年生の児童が知識として必要な語彙は約3万語となる。高校生や大学生ではなく、小学生の語彙である。

日本人は語彙に関しては圧倒的に強い。日本の小学6年生に「人類生体学」や「甲殻類」と黒板に書けばどうにか伝わる。しかし、米国の高校生、大学生に「Anthroposomatology」や「Crustacea」と書いてもその意味を答えられる学生は少ない。

漢字が有効かといえばそうでもない。中国は漢字だけである。次々と出てくる新語彙は、全て漢字で表現されていく。コカ・コーラの「可口可楽」はどうにかわかる。しかし、米国のロック歌手のボン・ジョヴィは「邦喬維」となるとついていけない。中国政府の専門機関は毎日、数多くの漢字語彙を作成しているという。中国人にとって、次々と生まれる科学技術用語を漢字で消化していくのは容易ではない。

日本語は文中に「漢字」「カタカナ」「ひらがな」、いざとなれば「アルファベットの英語」「アラビア数字」も入れてしまう。日本語は語彙なら何語でも来い、という懐《ふところ》が深い言語である。

◇──ＡＩ時代のエース日本語

ＡＩ時代、言語コンピュータは人類に何を要求しているか？　それは豊富な語彙である。コンピュータの得意技は、無数の語彙を収集し、前後の文脈から最適な語彙を選んで文章を作成していく。ＡＩは「貴社の記者が汽車で帰社する」も間違いなく一瞬にして正しく文章化する。

語彙は文字である。文字は地域差、年代差、個人差、そして時代に応じて変化しない。ＡＩにとっては極めて都合が良い。

日本で最大の語彙を掲載しているのは『日本国語大辞典』（小学館）で、50万の語彙が掲載されている。これほどの語彙があれば、その文章が、論文か、手紙か、手紙でも一般の連絡か、お祝いか、お悔やみかをコンピュータは判断し、感情語も選択して文章を作ってくれる。

名前は失念したがある大学教授が「日本語を学んで、日本の国会図書館に行けば、世界中の文明の情報を得られる」と発言していた。日本の図書館には英語・独語・仏語・中国語の主要語だけではなく世界中の言語の翻訳本がある。内容は様々な分野に渡り、他国の図書館では見られない多様性に溢れている。日本語の語彙集に海外の分野の語彙を足していけば、ＡＩはまさに森羅万象を表現しつくすことができるだろう。

語彙数が多い日本語はＡＩ時代に相性がいい言語であるようだ。２０２３年４月に開催された「Ｇ７デジタル・技術相会議」で、チャットＧＰＴに関して各国から日本への期待が表明されたと報道があった。日本の規制が緩やかだからという理由で報道されていたが、実は、日本語の語彙集にはとてもかなわないという思いが隠されているのではないかと思ってしまった。

ＡＩ時代が迫ってくる今、「日本語とはいったい何ものなのか？」「日本語の源流とは何か？」の疑問が迫ってくる。

◇――人類の言語の源流

ホモ・サピエンスの登場は20万年前に遡《さかのぼ》る。もちろん文字が登場する以前から人類は会話をしていた。文字が登場するのはせいぜい5000年前である。言語の進化は、音声が先で文字は後である。

では、人類言語の発声の源流はどのようなものか？　言語の発声の具体的で確実な手掛かりなど残っていない。石器時代の人骨化石をいくら調べても、言語の発声分析はできない。言語を司《つかさど》る脳の左脳と右脳の機能分担など調べようがない。

人類言語の発声音の源流へのアクセスは推定のみとなる。推定の根拠を何にするか？

私は地形を鍵として推論を進める。日本とユーラシア大陸は明らかに地理と地形が異なる。「地形」を拠《よ》り所として日本人とユーラシア大陸人の言語比較を行いたい。

◇――日本人と西欧人の言語の脳

半世紀近く前、東京医科歯科大学の角田忠信《つのだただのぶ》教授（当時）が、『日本人の脳』（大修館書店、1978年）で日本人の脳と西欧人の脳に相違があることを明らかにしてくれた。その後の半世紀間、脳の研究装置も格段に高度化し、脳研究レベルは遥かに進歩した。その点を考慮しても角田先生の研究は「脳と言語」を俯瞰《ふかん》していてわかりやすい。地形と気象で文明を見ていくインフラ屋の私にとって役に立つ一冊となった。

角田教授の日本語に関する研究成果のポイントは、次のようになる。

①ユーラシア大陸の言語は『子音』が優勢。
②日本の言語は『母音』が優勢である。
③赤道直下の南海に浮かぶポリネシア諸島の「トンガ」と「サモア」の言語も、母音が優勢である。アジアを始め諸外国の言語は全て子音が優勢であった。

この事実は実に大きなヒントを残してくれている。

世界地図を見ればわかる。トンガとサモアは、南海の孤島である。地球上でこの南海の孤島トンガとサモアだけが、日本と共通の言語を有していた。

なぜ、日本とトンガ、サモアが？

◇――文明の暴力的な交流

紀元前、人類は文明を創りだした。特に、ユーラシア大陸の文明は必ず都市を建設した。メソポタミア文明、エジプト文明、インダス文明、中国文明で都市が誕生した。「文明」は「都市」と同義語であった。なぜ、ユーラシア大陸の文明は都市を造ったのか。答えは明快である。敵から守るためであった。だから都市には必ず城壁があった。都市は城であった。

「都市で自然は排除された。人間は予測し、計画し、制御していく。人間は予測できないもの、制御できないものが大嫌いだ。予測できず、計画できず、制御できないもの。それは自然である。だから人間は自然が嫌いで、都市から排除していった」。これは養老孟司氏の『唯脳論』（ちくま学芸文庫）での言葉である。

都市に木や生物があっても、それは制御された人工自然である。文明の進展とともに人々は人工の都市空間で生き、都市では自然の音は情報としての価値を失っていった。

そして、文明は交流を繰り返した。文明の交流というがそれは、征服と被征服の交流であった。ユーラシア大陸には大帝国と蛮族が何度も出現した。異部族が異部族に襲いかかり、征服と被征服が繰り返し行われた。「文明は城」であったことが、文明の交流は暴力の繰り返しであった証左である。

征服と被征服の繰り返しで、人々は交じり合った。会話が通じない異言語が重なり合っていった。医学者の研究では、人の気管支は恐怖に遭遇すると細くなる。気管支が細く圧迫されれば自然と声は小さくなり、子音中心となる。敵と味方が入り交じる出会いでは、様子をうかがう会話となる。異言語の出会いにおける会話の発声は複雑さを増した。

恐れを隠し、複雑な意思を伝えるのは、あいまいな発声の子音で行われた。敵か味方かを簡単にわからせないためである。時代劇テレビの監督は、朝廷の貴族にはわかりにくい、くぐもった子音で話をさせている。それに対して、母音中心の言語は発音がはっきりしていて、声も大きさめで感情や考えていることがわかりやすく表出される。テレビドラマの海の男は大きな声で母音を話していて、小さな声でくぐもった子音で発音しているシーンなど見たことがない。母音はどうしても敵か味方か簡単にわかってしまう。征服、被征服の世界では、敵か味方か簡単にわかっては命の危険をもたらす。

民族の征服、被征服を繰り返すユーラシア大陸で、あいまいさの塊《かたまり》の子音は爆発的に増大していった。

◇――地理が脳を支配した

日本とトンガ、サモアの共通点は、はっきりしている。両者とも異民族に侵略されなかった。異民族による征服がなく、子音による微妙な言い回しをする必要がなかった。おおらかで無防備な母音言語はそのまま存続した。

日本の場合、日本列島とユーラシア大陸の間には、流れの強い幅約200㎞の対馬《つしま》海流の壁が立ちはだかっていた。そのおかげで、13世紀にモンゴル軍が襲ってきたが、どうにか撃退することができた。

トンガ、サモアは南半球のポリネシア諸島に位置している。オーストラリア大陸から離れた南海の孤島群である。

図1-3　世界の海流

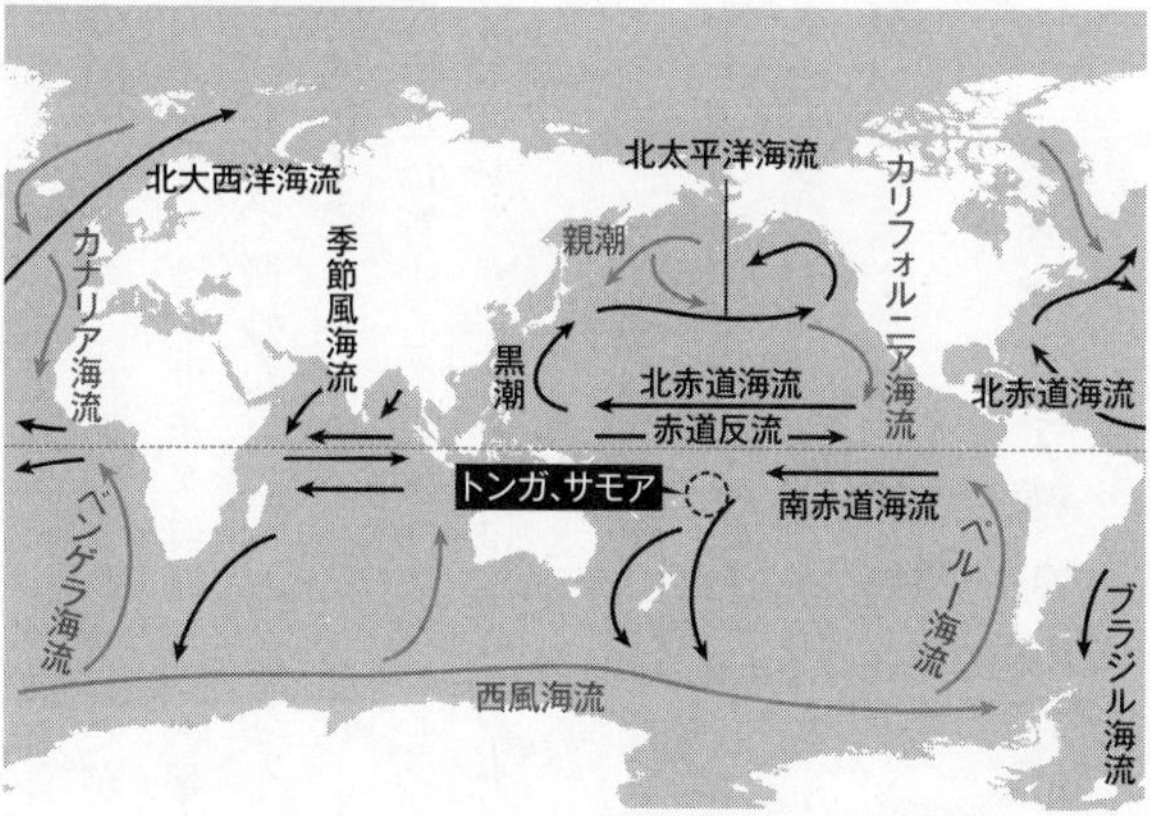

出典:「受験地理B短期マスター塾」(一部改変)

この両島に流れてくる海流は、南アメリカ大陸からの南赤道海流である。南赤道海流は南回りで再び南アメリカ大陸へ戻っていく。南アメリカ大陸には狂暴な暴力は生まれなかった。**図1-3**で世界の海流とトンガ、サモアの位置を示した。

15世紀、帆船の大航海時代が開始された。東南アジアと太平洋に浮かぶ諸島では、1600年代から植民地時代の主役であるスペイン、ポルトガル、オランダ、そして英国が入り乱れ、これらの諸島を奪い合っていた。

18世紀、ワットが蒸気機関を発明し、19世紀に蒸気船が登場した。やがて蒸気船で海流を乗り越えてイギリスがトンガ、ドイツ・アメリカがサモアに来た。それらの国はトンガ、サモアを領有したが、暴力で征服はしなかった。

日本とトンガ、サモアは異文明の暴力で侵略されなかった。日本とトンガ、サモアは、複雑で微妙な言い回しを使って異民族と生死をかけた交流をする必要がなかった。相手をうかがい、言葉を濁し、意思を惑わす子音を発達させる必要がなく、無防備な母音中心の言語で会話をし続けた。

日本とトンガ、サモアは確かに暴力に襲われなかった。しかし、重大な疑問がある。

12万年前から始まった約10万年間の大氷河期である。トンガ、サモアは赤道下に位置するので簡単に生き残れた。日本列島はそうはいかない。北緯30度以上の日本列島の人々は大氷河期をどうやって生き抜いたのか？　なぜ、生き抜いた日本人の会話は発生音が異常に少ないくせに、語彙が異常に多くなったのか。

◇――東南アジア湾から日本へ

13万年前、地球は寒冷化時代に入った。世界中の大陸には厚さ3000m級の氷河が形成され、海水面は現在より〝120～140m〟も低下した。

琉球海嶺《かいれい》の諸島は海から顔を出し連続した地形となり、台湾と沖縄諸島は陸続きとなる。伊豆、小笠原、マリアナ海嶺の諸島も顔を出し、長く切れ切れの連続した地形となっていく。黄海や渤海《ぼっかい》は陸となり日本列島の西側は朝鮮半島と陸続きとなり、北海道もシベリアと陸続きとなっていく。

日本列島の南の太平洋は大きな湾の様相となる。湾の西側の嶺は、インドネシア、フィリピン、台湾、琉球諸島そして日本列島となる。湾の東側の嶺は、パラオ、グアム、小笠原、伊豆諸島そして日本列島となる。湾の南口から暖かい赤道海流が流れ込み、巨大な暖かい湾、東南アジア湾が誕生していた。

もともと日本列島に住んでいた人々は、大氷河期のあいだ東南アジア湾で厳寒期を過ごした。東南アジア湾で諸島の人々は魚介類を食べた。魚に飽きたら、一部の人は湾の北の大きな日本列島へ向かった。日本列島では、氷河の切れ目の亜寒帯林の中でキャンプをしながら、ナウマンゾウやニッポンカモシカを追った。

地球史上で最も厳しいウィスコンシン氷期前後の10万年間、東南アジア湾周辺の人々は、日本列島を含む諸島で生きていた。

海洋民族であった人々は母音の発声をした。舟の板一枚下は地獄の海である。会話は大きな声の母音中心で繰り返された。

人々は小舟で移動し、出会い、穏やかな交流を続けた。この氷河期の10万年間、暴力の大海軍団などは登場しなかった。東南アジア湾の海洋民族には征服も被征服もなかった。

◇――日本列島に取り残された縄文時代

ナウマンゾウが絶滅した1万5000年前ごろ温暖化が始まった。温暖化が始まると氷河の溶け出しは早かった。海面上昇が一気に起こり、日本列島は大陸から切り離された。南北に細長い列島の各地に取り残され、住みつく決心をした人々が日本列島の先住人となった。

日本列島で縄文時代が開始された。日本列島に取り残された人々の本質は海洋民族であった。何しろ10万年近く東南アジア湾で生活していた。日本列島には脊梁《せきりょう》山脈から無数の河川が流れ下っていた。彼らは日本列島で住み着いてからも舟で川を利用した。

暖かくなれば山に向かって遡り、落とし穴を作ってカモシカやクマを狩った。寒くなれば南に下り河口で魚介類を獲った。火山が噴火すれば舟で速やかに下り、海岸を伝わり他所《よそ》に逃げた。

縄文時代、日本列島の人々は土地に執着しない移動する民であった。小舟で日本列島に漂着した人々はいたが、まだユーラシア大陸から強大な暴力は渡ってこなかった。暴力による征服がなく、日本列島の人々は、子音を強要されることにならなかった。

日本列島の人々は、おおらかな母音中心の言語で会話をし、森林で狩猟して動物、鳥や昆虫の鳴き声を重要な情報として左脳に収納し続けていた。日本列島の人々は弥生時代に入っていった。

◇——土地に執着する稲作文明

地球は大寒冷期から温暖化に進んでいった。6000年前ごろには、温暖化はピークとなり、海面は現在の海水面より数m高くなり、海は日本列島の奥地まで浸入していった。6000年前から再び地球は寒冷化に向かい、海面は徐々に低下していった。その海面が低下していった後の河口には、広大な干潟や沖積平野《ちゅうせき》（約1万年前から現在の沖積世に、川による堆積《たいせき》作用で生じた平地）が登場してきた。6000年間、河川が運んだ堆積土砂の干潟が顔を出してきた。

温暖の縄文海進の時期、日本列島の100%が山岳地帯であった。山岳の日本列島で、海が後退した河口部に10%の平らな沖積平野が生まれた。この沖積平野が日本の稲作文明の主舞台となった。弥生時代の稲作が進展した日本文明は、日本列島の地形によって生み出されていった。

日本列島の地形は、山々と海峡と河川で分断されている。分断された各地に、猫の額《ひたい》ほどの沖積平野が生まれた。日本人にとって、この沖積平野は何にも代えがたい貴重な宝となった。

土地に執着する日本人の稲作文明が、弥生、大和、飛鳥、奈良、平安、そして土地争奪戦の戦国時代へと進んでいった。戦国時代は、信長、秀吉、そして徳川家康の3人のバトンリレーで幕を閉じた。日本の政治権力体制は統一されたが、地形で分断されていた各地の沖積平野が統合されたわけではない。

地形で分断された共同体は異なる共同体である。異なる共同体は、自身の共同体のアイデンティティーのため、異なる言語を話すようになる。言語の分裂は人類の宿命であった。

ところが、南北3000㎞と細長い日本列島に住んでいた人々の言語は分裂しなかった。

◇──分断できなかった日本

15世紀、大航海と植民地時代が開始された。欧米列国の植民地政策の原則は「分割統治（Divide and Rule）」である。

その国の権力層内部に亀裂を起こし、それを拡大させる。言葉が異なる地方間の疑心暗鬼を増幅させ、闘争へ誘《いざな》っていく。内戦を起こし、体力が消耗したころ、傀《かい》儡《らい》政権を擁立《ようりつ》してその国を支配していく。それが欧米列国の植民地化の原則であった。

日本も分割され植民地化される瀬戸際にあった。欧米列国にとって、日本の幕藩封建体制は国内分断の絶好の条件であった。江戸幕府と各大名は地形で分断され存在していた。その幕府と地方の大名たちを戦わせればよかった。植民地支配の原則通りに、フランスは江戸幕府についた。英国は薩摩藩・長州藩についた。列国の典型的な植民地戦術が開始された。

ところが欧米人にとって思わぬことが起こった。江戸幕府と倒幕の指導者たちが京都に集まっていった。両派の武装集団も商人たちもが京都に集まっていった。その集まった全員が、同じ日本語で会話をしていたのだ。

同じ言葉で話す人々は、同じ共同体に属している。しかし、倒幕と佐幕両派の周辺は、言葉が異なる欧米列国が取り囲んでいた。異なる言語を話す人々は、異なった共同体である。異なる共同体の欧米人の存在を意識しながら、倒幕、佐幕の両派は対峙と小競り合いを繰り返した。しかし、日本語による話し合いは続行されていった。

結局、両派は無血の大政奉還と王政復古を実現してしまった。

◇――言語分裂の宿命

気候と地形が異なれば、各々の土地の文化と言語は異なっていく。特に、山々と海峡で分断された狭い沖積平野に生きていた人々は、自分たちの共同体のアイデンティティーのため、独特の言語を話すようになる。

近隣の共同体と異なる言葉を話すようになるのは、世界人類の共通現象である。

現在、27カ国が集まったEU議会では公用語が23言語ある。EUの課題の一つが、同時通訳のための費用である。EU議会の常勤通訳は350人、臨時通訳は400人もいて通訳費用が議会経費を圧迫しているという。

大陸から離れている小島のイギリス連邦には、イングランド語、スコットランド語、ウエールズ語、アイルランド語がひしめき合っていた。

ところが、地形で分断されて生きてきた日本人は、同じ文字を読み、同じ言葉を話していた。

明治になり日本人は、列島各地から東京へ集結した。彼らは憲法を作り、国会を開催し、国民国家としての体裁をあっという間に整えた。このとき、彼らの間では言葉は障害とならなかった。明治の帝国議会の図を見ても「通訳」の姿はない。

江戸の260年間、領土の奪い合いという暴力の交流はなかった。日本列島は異民族に征服されず、話し言葉は母音中心に留まっていた。一方で、書き文字の情報交流が誕生し、豊富な語彙が生みだされていた。

◇——水運が生んだ語彙社会

広重の東海道五十三次は港から始まる。第1番目の品川宿では、朝の様子が描かれている。旅人たちは、そそくさと急ぎ足で出立し、帆を揚げた船が次々と各地に向かっていく。第3番目の神奈川宿では夕方が描かれている。大きな船は錨《いかり》を降ろし、帆をたたんでいる。沖には、暗くならないうちに江戸の品川宿へ急ぐ船の列も見える。

第1番目の品川宿と第3番目の神奈川宿で、広重は大切な情報を提供してくれている。江戸と地方を行き来する大量の船である。

19世紀、大都市・江戸は大量の物を必要とした。全国各地から、米、海産物、木材、ミカンそして工芸品が休むことなく江戸に運ばれてきた。江戸から地方へ戻る船は荷物の重みがないと波で不安定になる。戻り船には、江戸からのお土産が満載されていた。着物、装飾品、工芸品、特に多かったのが瓦版と浮世絵であった。

全国各地の工芸品は情報である。瓦版と浮世絵は情報の塊であった。江戸から全国各地に大量の情報がこれでもかと送り出された。

江戸の情報は奥深い山の中まで、それこそ全国津々浦々に届いていった。

◇――日本の水運は津々浦々へ

日本各地は地形で分断されていた。しかし、江戸時代の260年間、日本列島の

写真1-1　歌川広重「名所江戸百景」四ツ木通用水引ふね

出典：国立国会図書館デジタルコレクション

人々は、情報を共有する船運ネットワークで生きていた。

　このネットワークは海の港で終わっていない。川の河口から上流に伸びている。大船は河口の港に着くと、荷物は小舟に積み替えられ、小舟が陸地の内部に荷物を運んでいった。上流の内陸部で、自力帆走できないところは、剛力たちが小舟を上流まで引いていった。**写真1－1**は内陸をいく曳き舟である。

　横山大観は「曳舟図」で滝が落ちている深い山の中まで、剛力が小舟を引いている絵を描いている。

　谷風が連勝した。歌舞伎の団十郎が人気だ、と瓦版は伝えてくれた。赤穂浪士の討ち入り事件は、2週間後には全国に知れ渡っていたと伝わっている。瓦版や浮世絵や絵草紙の情報は、船運ネットワークという情報の蜘蛛の巣によって列島中の人々のもとに運び込まれた。

瓦版と浮世絵で日本中の人々が、絵と文字を共有していた。漢字の基本も絵である。絵を組み合わせる新しい漢字も日本で誕生していった。文字語彙は止めどもなく増えていった。

人類の歴史上、このような濃密な情報ネットワークに包まれて進展していった文明はほかにあっただろうか。

◇──土地に執着する人々と移動し続ける人々

弥生以来、日本人は稲作文明を構築した。稲作の舞台は、湿地帯を開拓した盆地と沖積平野であった。自分たちが苦労して開拓した土地への執着は極めて強かった。

何しろ、西暦604年の日本最初の憲法「十七条の憲法」ができた後、最初に作成が指示された（646年）法律が「班田収授法《はんでんしゅうじゅ》」であった。日本人の土地への執着を示している。

稲作文明の中核は農村共同体であった。農村共同体は団結を強め耕地を開発し続けた。土地をつくった結束の強い農村共同体は、江戸以降の日本文明の中心セクターとなった。農村共同体は土地と一体であった。どんな災害を受けても、何があっても土地から離れない、移動しない人々であった。

日本列島にはその対極の人々がいた。海岸に住み着いた移動する人々であった。日本列島は海に囲まれていて、海岸線延長は3・5万kmに及び、河口から河川を遡る距離を入れれば地球の円周の4万kmを優に超える。

彼ら海の民が蜘蛛の巣状の水運ネットワークを創り上げた。移動しない農耕民族を相手に交易をする水運ネットワークは利益が出た。移動する人々は移動しない人々の産物を買った。そして移動しない人々に情報を売った。

1万5000年前、海面が一気に上昇し、東南アジア湾の海の民たちは日本列島に取り残された。取り残された人々は、内陸の農耕民と海の狩猟民に分かれた。分かれた2つの民たちは戦わず、お互いに利益を享受して見事に共存することとなった。日本人は農耕民族なのか、海洋民族なのか、21世紀の今も視点が変わると意見が分かれてしまうのはこの点に原因がある。

日本は260年間の平和な時間を過ごし、幕末を迎え、近代に突入していった。侵略されなかった日本の言語は、異常に発声音が少ない。母音中心の日本語は人類の源流に位置している。

水運情報ネットワークに育《はぐく》まれた日本の言語は語彙が異常に多い。途方もなく豊富な文字語彙を持つ日本語は、未来のAI情報の先端を走っていく。

◇——トインビーの言葉「奇跡」

「人類の歴史の奇跡の一つは、日本の明治以降の近代化である」これはアーノルド・J・トインビーの言葉である。

トインビーは1889年生まれで1975年に没した英国の歴史学者である。**写真1−2**がトインビーである。彼の主著『歴史の研究』は、私の大学時代に必読書の一つといわれていた。この怜悧《れいり》な歴史学者が「奇跡」という言葉を使っていた。それも「日本の奇跡」ではなく「人類の奇跡」である。それほど日本の明治近代化

写真1-2　アーノルド・トインビー

出典：Wikipedia

は不思議な出来事であった。トインビーはその核心を分析し尽くせなかった。そのためやむなく「奇跡」という言葉を使った。

なぜ、２６０年間続いた幕藩封建体制が、一気に国民国家へ変身したのか？

西欧文明を追いかけ、あっという間に近代化を達成できたのか？

欧米列国は地球を航海し、アフリカ、南米、アジア、そして太平洋諸島を植民地にしてきたが、日本のような国はなかった。極東の海に浮かぶ日本は特異な存在であった。

この日本の変革は、幕末から明治の英雄たちの功績として語られる。英雄たちを中心にすれば人間模様となる。人間模様はそれを見る人や視点によって限りなく変化し、歴史の核心はとめどもなく拡散し、ぼやけていく。

この日本の近代化を人間模様ではなく、日本の地形や気象、そしてインフラ、つまり社会の下部構造から見ると、このように別の歴史の物語が浮かび上がってくる。

日本人と日本文明を地形・気象にこだわる視点から語っていると、自分自身が、ある問いに包まれていった。

日本人と日本文明は確かに地形と気象に影響されている。それは間違いないが、日本人から少し距離を置き「人類」という視座で地形と気象を見た場合はどうなのか。地形と気象が人類に決定的な作用を与えているのなら、地形と気象にこれほどこだわるのも許容されるだろう。

これが、地形と人類の存在に視線を当てていくきっかけとなった。

第2章

ヒトはなぜ、直立二足歩行したのか？

サバンナ説とアクア説

人にとって一番興味を引く対象は人である。人間はどこから来て、どこへ行くのかなどは永遠のテーマだ。講演会でインフラの重要性を説明するとき、インフラを人間のアナロジーで説明すると反応がよい。

人と動物との大きな差は巨大な脳である。私は人間の脳が巨大化したことをアナロジー（類推）として使って、講演会などでインフラの重要性を説明してきた。

人間の脳が巨大化したのは、人間が直立二足歩行をしたからである。人間が直立すると、頭部はS字背骨の上に置かれるようになった。S字背骨の上に置かれると、頭部が下に落ちないように支えていた首周りの筋肉が退化した。筋肉が退化すると頭部は筋肉の締め付けから解放され一気に膨張する余地を得た。頭部が大きくなれば脳も増加していった。

人間の下半身である足が直立した結果、人間の頭が進化したことを、インフラ屋の私の言葉に言い換えると「人間の下部構造が、人間の上部構造を進化させた」となる。社会の下部構造・インフラが人間の社会活動のために重要であることを言いたいがための、我田引水の表現であった。

このアナロジーでインフラの重要性を何度も説明しているうちに、「なぜ、人間は直立したのか？」という謎にはまっていた。

◇――人は何処から来たのか？

ヒトの進化について、多くの謎が残されている。その中で最も大きな謎を挙げろと言われたら、「ヒトはなぜ、直立二足歩行したか？」と答える。

哺乳類の中で、そして霊長類の中でヒトだけが、二足で直立歩行した。その理由は何か？　なぜ、ヒトは他の哺乳類と分かれたのか？　チンパンジーと分かれたか？　どこで分かれたのか？

と次々と疑問が出てくる。

ヒトへの疑問は尽きない。なにしろ、人間にとって、自分自身への興味に勝るものはない。

◇――直立二足歩行をしていた「ルーシー」

800万年前のヒトとチンパンジーが分かれる前、両者の共通の祖先は森の樹上に住んでいた。その後、約５００万年経った約３５０万年前、直立歩行していたヒト科の猿人が出現していた。

１９７４年アフリカ大陸、エチオピアの地層から、最古のヒト科猿人の化石が発見された。この化石は推定20歳の女性のものであった。身長は１３０㎝で、脳の容量は４５０ミリリットルであったが、直立二足歩行の骨格を示していた。

この人類学上の大発見をしたのは米・仏チームの人類学者たちであった。その時、調査隊のキャンプで流れていたビートルズの「ルーシー・イン・ザ・スカイ・ウィズ・ダイヤモンズ」にちなんで、学者たちはその骨の名前を「ルーシー」と命名した（『ルーシー』ドナルド・C・ジョハンソン、マイトランド・A・エディ著、どうぶつ社）。

それ以降、この化石の猿人は人類進化の母として、「ルーシー」と親しみを込めて呼ばれるようになった。

写真２-１は発掘されたルーシーの骨格である。

問題はこの「８００万年前」と「３５０万年前」の間の「５００万年間」に、霊長類にいったい何が起こったのかである。

近年のミトコンドリアDNA研究の結果、ヒトとチンパンジーは800万年前に分かれたことが判明している。しかし、その後の500万年間、ヒト科の化石は発掘されていない。この時期における人類進化は謎に包まれており、ミッシング・リンク（失われた環）と呼ばれている。

人類の進化は高校時代に教わった。その時に教えられたのは「サバンナ説」であ

写真2-1　ルーシー
318万年前。エチオピア・アファール盆地で1974年11月発見

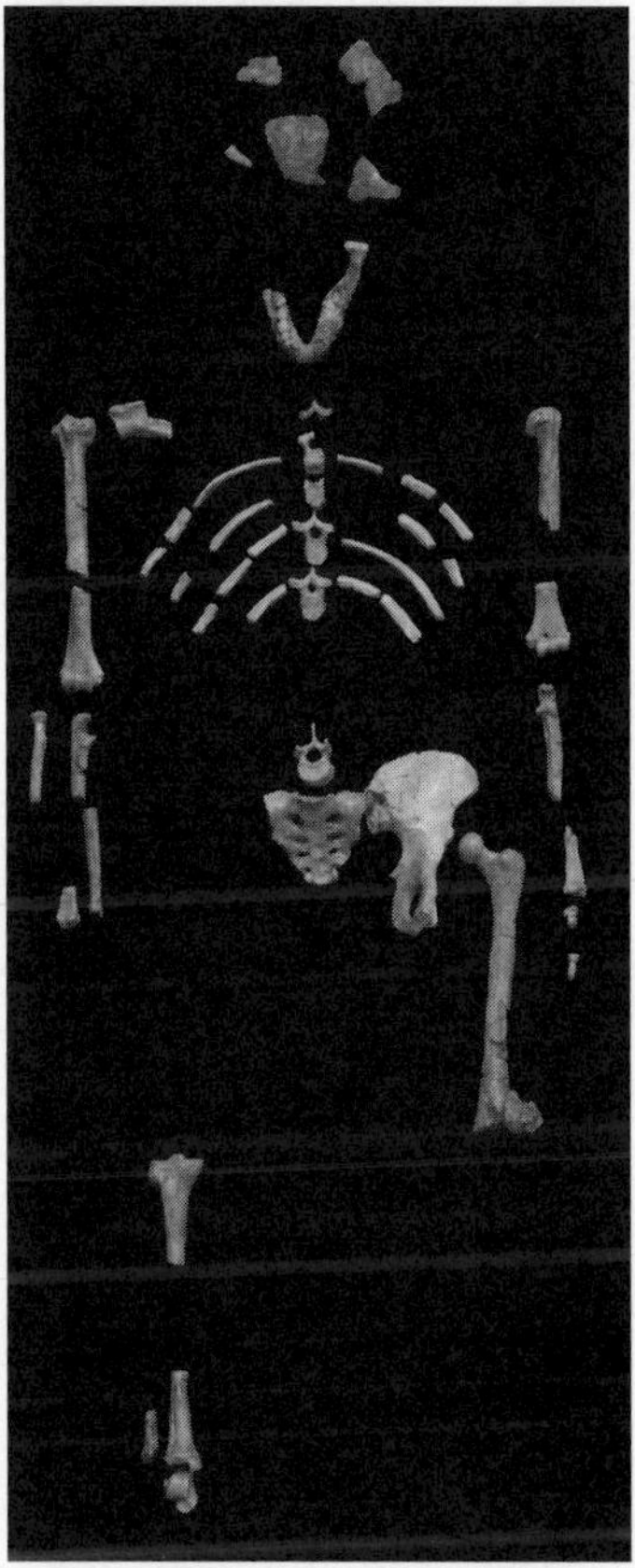

出典：Wikipedia

った。
しかし、このサバンナ説では大きな疑問が解けない。

◇――アフリカの大地殻変動

6600万年前、恐竜の時代が突然幕を閉じた。恐竜は1億6000万年間も栄華を誇った。その恐竜の時代、こっそり森の樹の上で隠れるように生きていた小さな哺乳類がいた。それが人類の大祖先であったという。

長い長い恐竜の時代が終わり、生き残った哺乳類は一気に繁殖した。地球上は哺乳類の時代となった。

様々な哺乳類が地上と水中へ進出していった。

その中で、森の樹上に居続けた横着な哺乳類がサルへと進化していた。

この樹上生活でサルは、ある特徴を獲得していった。手の発達である。前肢で樹の枝につかまり、後肢で身体を支える。そのことが物をつかむという手のひらの進化をもたらし、後肢で姿勢を立たせるという特徴も獲得していった。

写真2-2　シロテテナガザル

出典：Wikipedia

この森の樹上での数千万年間は、結果として直立二足歩行するヒトへの準備期間となった。**写真2－2**は樹上のテナガザルである。

約1000万年前から約700万年前にかけて、アフリカ大陸で大きな地殻変動が発生した。プレートテクトニクスによる火山活動、地盤の隆起、陥没が繰り返される大地殻変動であった。

アフリカ大陸の東部に大断層が発生した。その断層に沿って大きな陥没帯、いわゆるアフリカ大地溝帯（グレート・リフト・バレー）が形成された。

写真2－3はアフリカ大地溝帯であり、幅約50㎞、長さ約6400㎞に及ぶ

写真2-3　アフリカ大地溝帯

出典：Wikipedia

大陥没地形である。その大地溝帯の西側には、高さ4000m級の隆起帯が連なった。**図2-1**にアフリカ大地溝帯の概念図を示す。

500万年前にこのアフリカ大地溝帯が、ヒトの誕生する場所となった。

アフリカ大陸の大地溝帯の西側では、チンパンジーの化石が多く発見されている。しかし、直立二足歩行の古いヒトの化石は、大部分がアフリカ大地溝帯の中で発見されている。

アフリカ大地溝帯の中で人類が発生したことは、ほぼ認定されている。フランスのイブ・コパン博士は、このアフリカ大陸東部での人類誕生の物語を、あの映

図2-1　アフリカ大陸と大地溝帯（概念図）

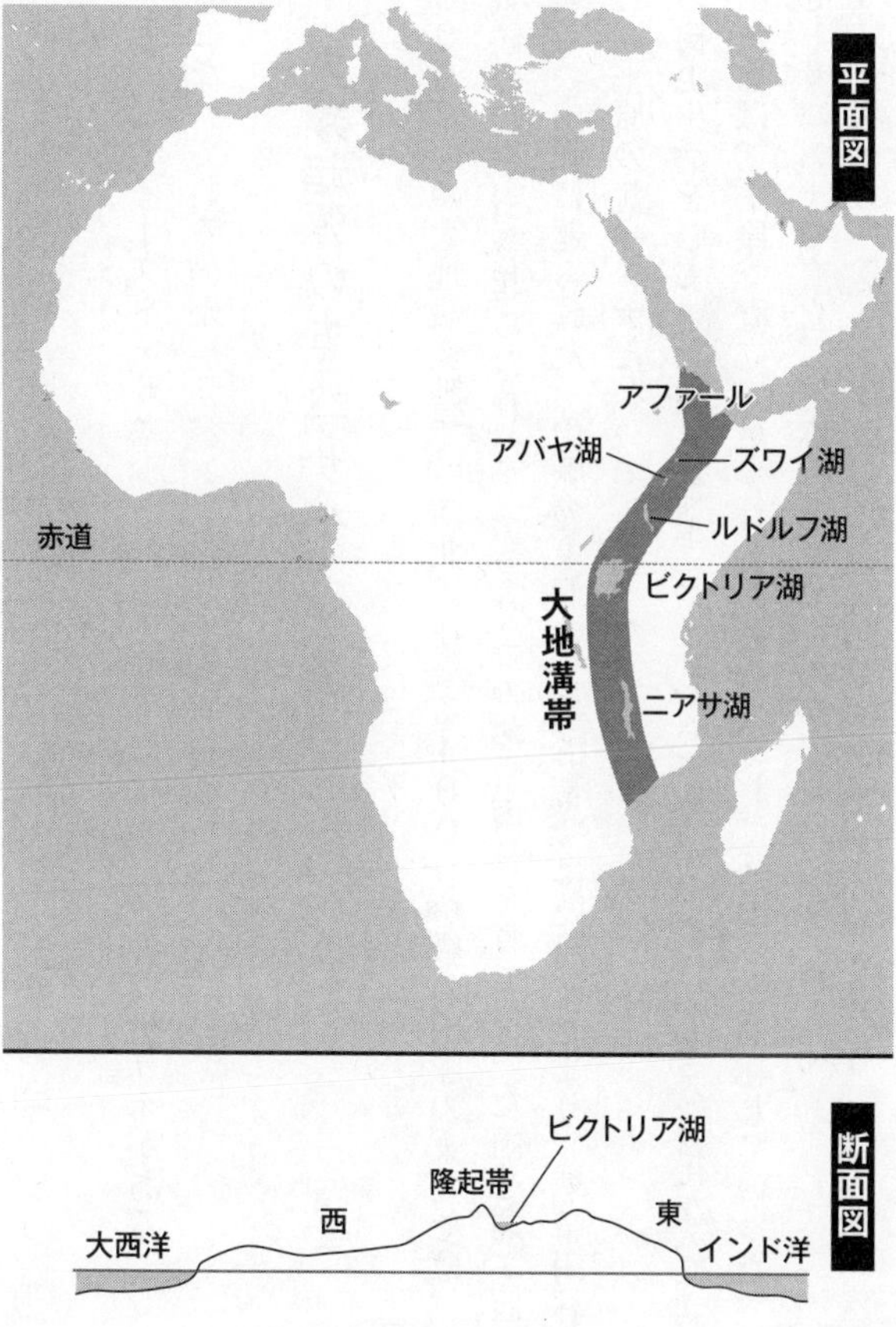

作図：竹村

画の『ウエスト・サイド・ストーリー』をもじってイースト・サイド・ストーリーと呼んだ。

しかし、このイースト・サイド・ストーリーには、二つのシナリオがある。定説になっているのが「サバンナ説」である。

◇——人類起源の古典「サバンナ説」

700万年前の大地殻変動で、南北に連なる4000m級の山脈の東側では、大きな気候変動が引き起こされた。アフリカの熱帯雨林を育てていた雨を運ぶ西風が、新しい山脈に遮《さえぎ》られた。山脈の東側の大地溝帯では乾燥が始まり、熱帯雨林が衰退し、平原のサバンナとなってしまった。

森の樹上生活をしていた猿は、縮小した森から平原に出て行かざるを得なかった。森を出た猿は、平原で直立二足歩行を始めた。そしてヒトへと進化していった。

なぜ、サバンナで直立二足歩行を始めたのか。

サバンナ説では、幾つかの仮説が提案されている。

①平原で猛獣の獲物の腐肉を奪い、手で抱えて逃げるため
②広い平原を最小限のエネルギーで歩いていくため
③平原で遠くを見回すため
④自分を大きく見せるため
等々である。

しかし、これらの理由で直立する必要があれば、その時だけ直立になり、その後は四足歩行に戻ればよい。今のチンパンジーやゴリラなど他の霊長類の全てがそうだ。

なにしろヒトのサバンナでの直立二足歩行への進化は、生命の誕生を否定する危険な進化であった。

生命の誕生を否定する危険な進化とは、直立二足歩行による「流産の危機」であった。生命の存続を否定する進化とは「体毛の消失」であった。

写真2-4　アフリカのニシゴリラ

出典：Wikipedia

◇──直立二足歩行による「流産」の危機

四足歩行の哺乳類は、よほどの病気でない限り早産、流産はしない。胎児は母親のお腹を地面につけているので、胎児は母親のお腹のハンモックで寝ているように安全な状態である。親が敵から逃げる時でも、安心してお腹の中で眠っていられる。**写真2-4**はナックル・ウォークの四足で歩くゴリラである。赤ちゃんは母親のお腹のハンモックの中で安心して眠っている。

直立二足歩行をした瞬間、状況は

ガラッと変わる。

直立二足歩行の母親は、外敵から逃げるたびに、胎児が重力によって大地に落下する流産という危機に直面してしまう。そのため直立二足歩行のヒトは、やむを得ず産道を狭くして流産を避けるよう進化をせざるを得なかった。

産道が狭くなれば、女性は赤ん坊を小さな未熟児の状態で産まなければならない。未熟児で生まれた子供は、約2年以上も母親から乳と食べ物を与えられなければ生きていけない。サバンナで敵に襲われたときには、全速力で逃げなければならない。未熟児で生まれた子供が自力で敵から逃げるには、10年以上もかかってしまう。

それに対して、四足歩行の動物は、可能な限り母親のハンモックの胎内で大きくなる。成獣に近い姿で誕生していく。生まれた瞬間から自分の足で立って、母親のお乳を求めて歩く。1カ月もすれば、敵からも逃げることができるようになる。

直立二足歩行の進化の代償として、生死をかけた誕生時の流産のリスクは割りに合わない。前述したサバンナの直立二足歩行程度の理由では、流産のリスクは説明できない。

◇——サバンナ説の弱点「体毛の消失」

もう一つ、サバンナ説ではどうしても説明できないことがある。「体毛の消失」である。

哺乳類が何千万年もかけた進化で獲得した体毛は、アフリカでの生存にとって不可欠であり、極めて有利な装備であった。

赤道に近いアフリカ大陸、特にサバンナの日中は灼熱《しやくねつ》で、夜間は摂氏マイナス10度まで冷え込む。この過酷な気象の中で、体毛は太陽の熱を反射し、太陽の紫外線から身を守った。また、体毛はその毛の間に空気を取り入れ、熱さと寒さの両方から

写真2-5　アフリカのチンパンジー

出典：Wikipedia

体温を守った。

さらに、乾燥したサバンナの大気は身体の水分を奪う。その身体の水分蒸発を体毛は防いでくれた。体毛は優れた遮光材《しゃこうざい》であり、保温材であり、保湿材でもある。アフリカでの完璧な暖房・冷房のボディーガード・スーツである。**写真2－5**はアフリカのチンパンジーである。

ゴリラ、チンパンジーなど全ての霊長類は、この体毛を脱がなかった。霊長類にとって、サバンナで体毛を失うことは、死を意味していた。

なぜ、ヒトは体毛を脱ぎ捨てる進化をしたのか？　サバンナ説ではそれが説明できない。

サルからヒトへの進化の場所は、地形と気象から見て、サバンナでは疑問が残る。

なぜ、ヒトは流産という生命の危険を抱えてまで、直立二足歩行へ進化したのか。なぜ、ヒトはサバンナで大切な毛皮を脱ぐという進化をしたのか。

それを説明できるのが「アクア説」である。

このアクア説は異端の説として、人類学会などで正面から取り上げられていない。専門学会に所属しない研究者の説に対する軽視と蔑視は、どこの世界でも共通している。エレイン・モーガンはそれを知った上で世界の人々にメッセージを送った。アクア説は解剖学者マックス・ヴェシュテンヘーファーや海洋生物学者アリスター・ハーディが唱え、脚本家であり在野の人類学研究者でもあったエレイン・モーガンが広く一般に紹介し、自身も追究したものである。

◇――人類起源のアクア説

700万年前、アフリカ大陸の東部で大地殻変動があった。南北に連なる山脈が形成され、グレート・リフト・バレーと呼ばれる大地溝帯が形成された（**写真2-3**）。

ここまではサバンナ説と同じだ。しかし、ここから先が地形に関して、サバンナ説とは異なっていく。

サバンナ説では、この大地溝帯の一帯は、乾いた草原地帯、いわゆるサバンナであるという。

アクア説のエレイン・モーガンと私は共通した推定をしている。大地溝帯はサバンナであったのではない。この大地溝帯には水が貯まり、膨大な水面域が連続した地形となっていた。このように推定している。

「大地溝帯には膨大な水域が広がっていた」との仮説の根拠を示そう。

現在の大地溝帯は西アジアの死海からアカバ湾、紅海を経てアフリカ大陸エチオピアのズワイ湖、シャーラ湖、アバヤ湖そしてケニヤのルドルフ湖、ビクトリア湖、その後タンザニアのニアサ湖を経てインド洋へと続く。

この大陥没地帯には古い海の水が流れ込んだり、雨水が貯留されたりして大きな湖が形成された。現在、大地溝帯の中にある多くの湖は、その大水域の名残りである。また、大地溝帯のアフリカ大陸の北端アファールデルタでは、塩が数百ｍも堆積している。かつてここに膨大な海水が貯留されていて、現在の死海のように海水が徐々に蒸発していったことを示している。

１０００万年前～７００万年前の大地殻変動によって大地溝帯が形成された。その大地溝帯の水域に霊長類のサルが閉じ込められた。この水域には天敵が少なく、魚介類が豊富で快適な空間だった。

水域での生活を始めたヒトの祖先は、自然と直立の姿勢をとるようになった。水辺の生活では、両手を地面につける四足歩行は不利である。姿勢を立てたほうが「呼吸」をするのに有利だ。鼻を水中に入れっぱなしは苦しい。現在、ゴリラなどが水中を行くときには、直立二足歩行で進むことが確認されている。

数百万年間、この水域で猿は直立二足歩行のヒトへと進化を遂げることとなった。

サバンナ説の直立二足歩行の説明は、中途半端であった。しかし、アクア説でのヒトの直立二足歩行の説明は、合理的で納得できる。

◇――水中での安全な出産

サバンナ説の大きな疑問は、直立二足歩行に伴う「流産の危険」であった。アクア説では、その問題が簡単に解消されてしまう。

水中では、浮力で重力は小さくなる。重力に脅《おびや》かされず、胎児は母親の胎内のハンモックで安全に育つこととなる。

写真2-6　水中の赤ん坊

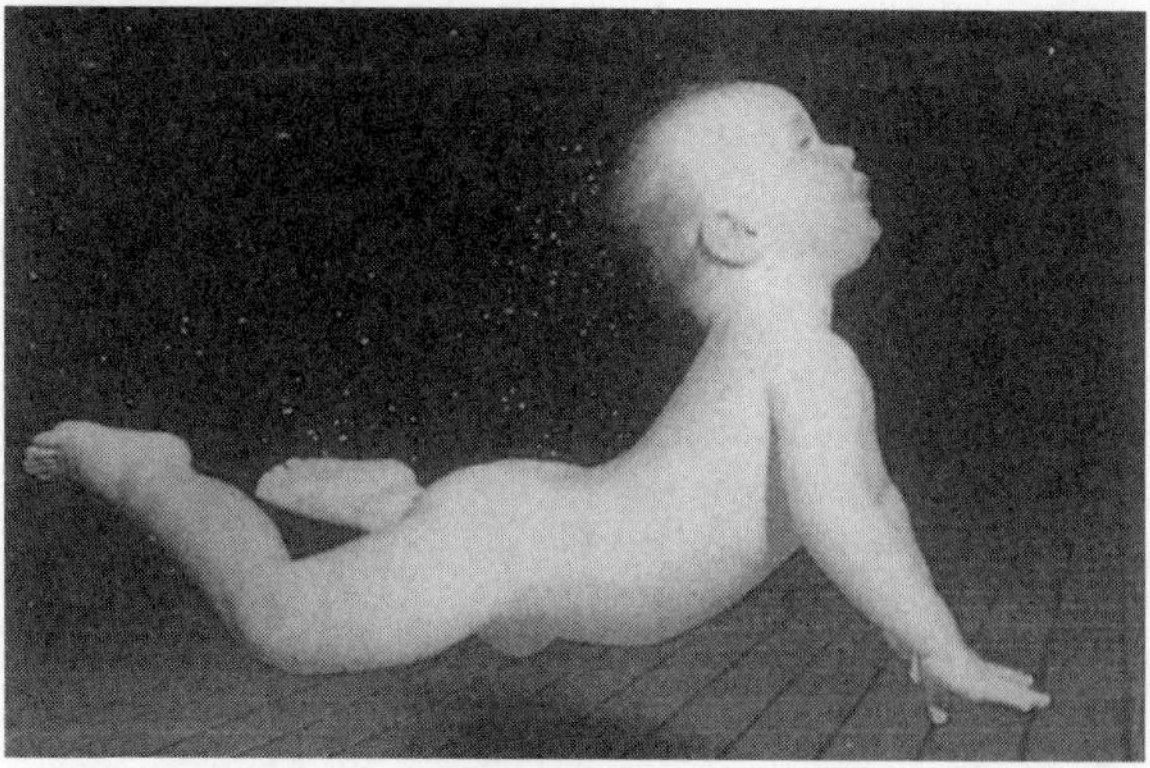

出典:『人類の起源論争』エレイン・モーガン著、どうぶつ社、96頁

近年、欧州から水中出産が広がっている。水中出産では母親の血圧は下がり、ホルモン循環が活発になる。精神的にもリラックスでき、陣痛も少ない。その結果、赤ちゃんへの酸素供給が多くなり、赤ちゃんは産道をツルンと安全に出てくる。

生まれたての赤ん坊にとって、水中は危険な場所ではない。生まれたての赤ちゃんは、そのまますぐに水中で泳ぐことが確認されている。この水中出産は、日本でも広まりつつある。

写真2-6は生まれたての赤ん坊が、水中でリラックスして遊んでいる様子である。

◇——水中での体毛の退化

もう一つサバンナ説で厄介《やっかい》だった「体毛の消失」の疑問も解消してしまう。

水中において体毛は、断熱材として全く役に立たない。体毛の間に水が入ってしまうと、もう皮膚の近くに空気の層は形成されない。そのため体毛は、水の冷たさから体温を守る保温材の役目を果たさない。

水の中で体温を保つには、皮膚の下に脂肪を付けるしかない。水中に入って進化した哺乳類は、全て体毛を脱ぎ捨て、皮下脂肪を発達させていった。

7000万年前、カバの祖先が水中に入り、クジラやイルカになっていった。5000万年前、ゾウの祖先が海に入り、マナティーやジュゴンになった。3000万年前、熊や犬の祖先が海へ向かい、アザラシやカワウソになった。彼らは全て毛皮を脱いだ。そして、皮下脂肪を蓄えていった。**写真2-7**は水中へ進化したといわれる哺乳動物たちである。

霊長類のサルも水辺で半水中生活を何百万年間過ごす中で、毛皮を脱ぎ、皮下脂

写真2-7　哺乳動物の水中への進化

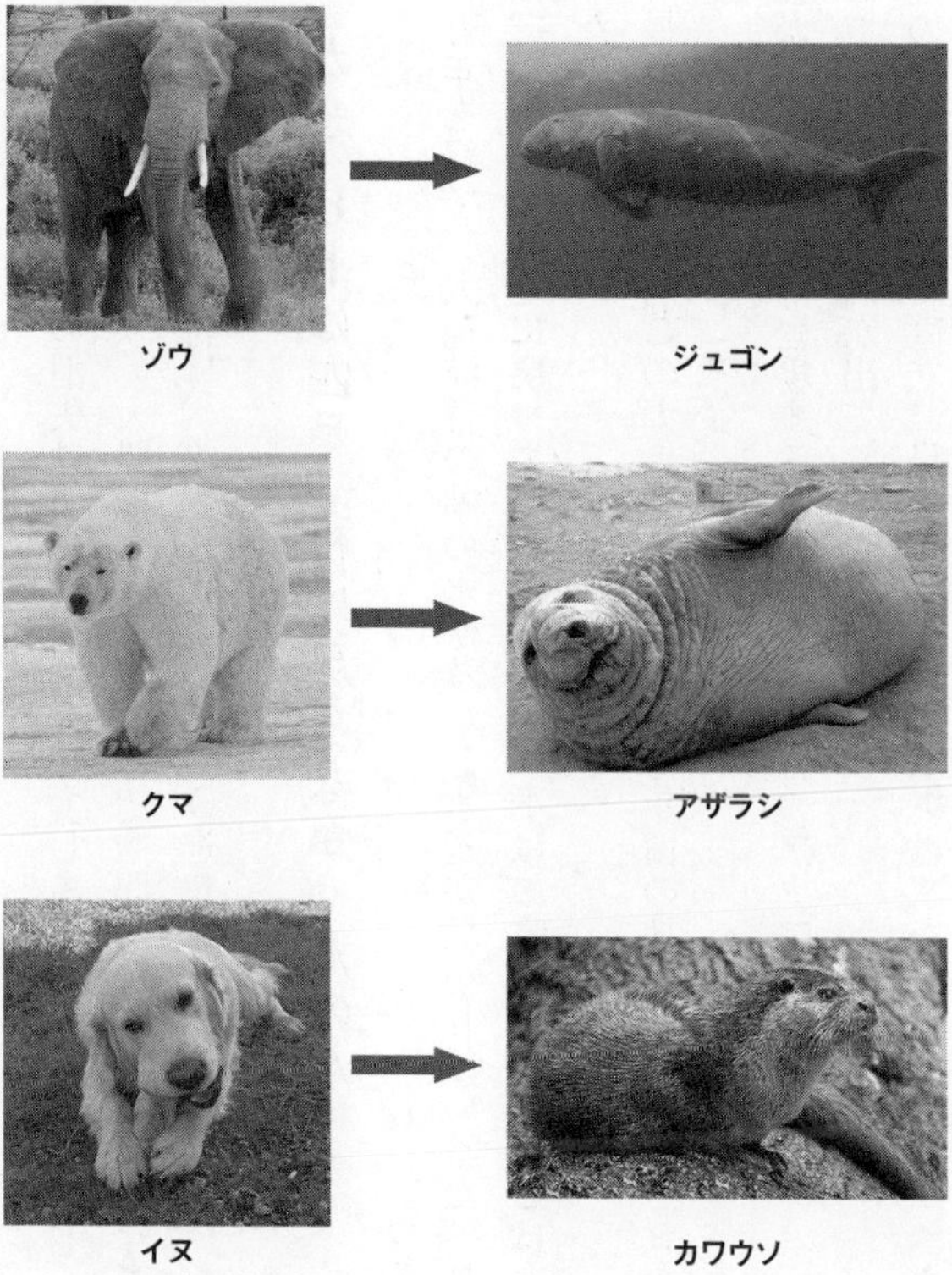

出典：写真は全てWikipedia

肪を付けていった。

アクア説では、体毛の消失は簡単に説明できてしまう。

700万年前、アフリカ大陸の大地溝帯の水辺空間に閉じ込められた霊長類は、毛皮を脱ぎ皮下脂肪を付け、直立二足歩行という進化を開始した。

◇——なぜ、ヒトは四足歩行に戻らなかったのか

数百万年を経て、大地溝帯の湖の水が蒸発し水辺が縮小していった。ヒトの祖先たちは、やむなく陸地に戻っていった。裸のヒトは二本の足でとぼとぼと歩き出していった。

その最古の化石が、この大地溝帯の318万年前の地層から発見されたルーシーとなる。

以上が、ルーシーが登場するまでの人類誕生のアクア説である。

ここでまた次の疑問が出てくる。

「水辺の半水中生活で直立二足歩行していたヒトは、なぜ、陸に上がったとき四足

歩行に戻らなかったか？」である。

陸上生活に戻った後でも、ヒトは四足歩行に戻らず直立二足歩行をし続けた。それは、半水中生活から陸に戻ったヒトは、直立二足で歩行する以外に選択肢がなかったからだ。言い方を変えると、ヒトの祖先はもう四足歩行に戻ることはできなかった、と私は考える。

もう20年以上前になるが1999年の秋、東京上野の国立科学博物館で「大顔《だいかお》展《てん》」という「顔」をテーマにした展示会があった。内容は大学の学園祭と、浅草のお化け屋敷をごちゃ混ぜにしたキワ物の展示会であった。

笑いながら見て回っていたが、あるコーナーで足は止まった。ゴリラの頭部の解剖模型であった。ゴリラの頭部の解剖模型など見るのは初めてだった。

視線が釘付けになったのが、ゴリラの頭部の筋肉であった。ゴリラの頭部の筋肉は、頭頂から肩まで張り付くように発達していた。まるで、おかっぱ少女の髪が肩まで広がっているような筋肉であった。

このゴリラの発達した頭部の筋肉を見ていて謎が解けた。ヒトが陸上で、四足歩行に戻らず、二足歩行し続けた謎であった。

ゴリラは前かがみの四足歩行である。ゴリラの歩行は、基本的には手を前に突くナックル・ウォークである。頭部は前に突き出している。土木構造物で譬《たと》えると「片持ち梁」である。**写真2-4**を見てもらえばゴリラの歩行がわかる。

前に突き出ている頭部を支えるため、強力な反力をとる筋肉が必要となる。それが頭部の裏側に発達した筋肉であった。ゴリラの太い首の筋肉を見ていると、人間の首の筋肉など、悲しいほど細い。

「大顔展」のゴリラ頭部の解剖模型は、ゴリラ頭部の発達は限度一杯ということを示していた。前かがみのゴリラにとって、頭部を支える筋肉の力学的な制約で、頭蓋骨の発達の余地はない。

そのことが一瞬にしてわかった。

◇――重くなりすぎたヒトの頭部

ヒトは水辺暮らしを始めたとき、鼻に水を入れないように姿勢を立たせた直立歩行をとった。何百万年間、大地溝帯で直立歩行をしたことで、ヒトの重い頭蓋骨を

S字型の背骨の真上で支えることとなった。もう首の筋肉によって維持しない。S字型の背骨の上に頭蓋骨を載せ、頭部の重量を背骨全体でバランスよく受け止める進化であった。

頭部が背骨で支えられると、頭部を締め付けていた首の筋肉は不必要となった。筋肉が不必要となると、退化していった。首の筋肉と頭部の筋肉は退化し、頭蓋骨の締め付けがなくなった。筋肉の締め付けから解放された頭蓋骨は一気に膨張に向かった。

締め付けから解放されたヒトの頭部は、他の哺乳動物に例がないほど、異常な大きさに発達していった。

大地溝帯の湖の水が縮小し、ヒトは再び陸に上がらざるを得なくなった。しかし、ゴリラやチンパンジーのように手を前に出し、四足歩行をする前傾姿勢をとらなかった。いや、前傾姿勢をとれなかった。四足歩行の前傾姿勢をとるには、ヒトの頭部は重くなりすぎてしまった。異常に大きな頭部を進化させてしまったヒトは、前傾姿勢をとれるほどの強靭《きょうじん》な首の筋肉を失っていた。

結局、ヒトは水中から陸上に戻っても、直立二足歩行をせざるを得なかった。

陸に戻った人類は、直立二足歩行をして大地を進んだ。直立二足歩行は、さらに頭蓋骨の発達をもたらした。直立二足歩行と頭蓋骨は、螺旋《らせん》を描くように影響し合って発達していった。

◇——直立二足歩行が「脳の進化」よりも先だった

ヒトの進化については、謎が多く残されている。しかし、ヒトの進化に関して断言できることがある。

「ヒトは直立二足歩行を行った。その下半身の進化の結果、上部の脳は発達した」決して「脳の進化が先にあって、直立二足歩行をした」のではない。

500万年前、アフリカ大地溝帯の水域で、ヒトの祖先は二本足で生活しはじめた。四足歩行の前かがみの首を保つ筋肉の制約から解放されたヒトの頭蓋骨は、異常といえるほど巨大化した。

現生人のホモ・サピエンスが誕生してから20万年経った。その20万年の間も、ヒトの頭蓋骨の内部の脳も肥大化し続けた。現在のヒトの脳は、サルの5倍、チンパ

図2-2　文明全体のモデル

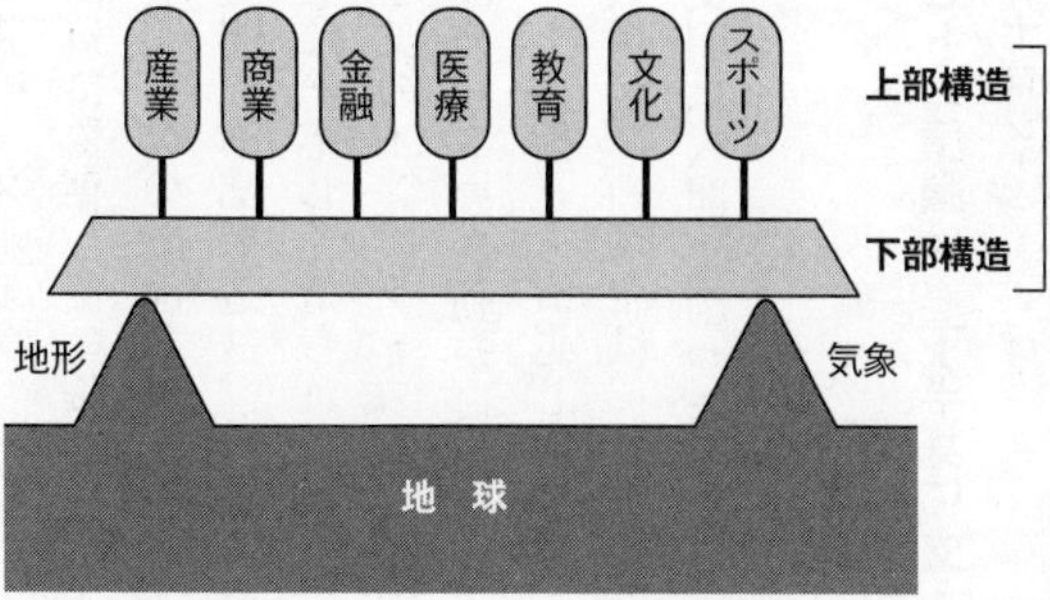

作図：竹村・沼田

ンジーの3倍までも発達した。

現在、肥大化したヒトの脳はまだフルに働いておらず、ヒトの脳の機能はまだ進化する余裕があるらしい。

20万年後の、未来人類の子孫の脳は、我々が想像できないほどのレベルに到達しているかもしれない。

下部が支える上部

人類の脳を支配したのは、身体の下半身の直立二足歩行にあった。

このヒトの脳の進化は、文明社会のアナロジーとなる。

人間社会の上部活動の経済・法律・教育・医

学・芸術・スポーツ、そして環境活動などのヒト独特の知的活動は、文明社会の下部構造に依存している。

文明社会の上部と下部構造（インフラストラクチャー）を図2-2で示す。

文明の下部構造は、上部構造を支えている。その下部構造は、その土地の地形と気象に適応して造られていく。

下部のインフラ・ストラクチャーが整い、維持されてはじめて、知的水準が高い上部のヒトの活動が保証される。文明社会の下部構造のインフラが崩壊していけば、上部構造も衰退し崩壊していく。

人類起源の物語は、21世紀の文明社会のアナロジーにたどり着く。

文明は人間が創った。文明はヒトの直立二足歩行と脳の進化とシンクロしている。

ヒトの頭脳は、下半身に支えられて進化した

（アナロジー）

文明の上部構造は、下部構造に支えられて発展した

ヒトの下半身は、地形と気象に適応して進化した

（アナロジー）

文明の下部構造は、地形と気象に適応して造られた

第3章

日本人の「命の源」である季節風はなぜ吹くのか

ヒマラヤ山脈の恵み

日本の四季は美しい。雪の森林、桜の神社、濃緑の並木、紅葉の車窓。日本列島のいつでもどこでも変化のある景色に見とれてしまう。近年、旅の通りすがりの山々も川も、自分の故郷のように懐かしい思いとなって染み込んでくる。仕事に驀進《ばくしん》している若い頃はこのようなことはなかった。歳を重ねることで日本の四季と風景の世界が自分自身のものになってきた。祖国愛のある側面なのだろう。

いま世界は二分されつつある。グローバル経済主義と自国主義とのコンフリクトは陰に陽に激しさを増している。このコンフリクトは人類が過去に経験してきた異なった共同体同士の闘争ではない。またグローバル経済主義はいつの間にか国内に浸透しているので、このコンフリクトは世界のみならず国内でも行われる。

グローバル経済主義者は経済的に圧倒的に巨大だ。何しろ金儲けを最大の目標にしていて文化・伝統・宗教的価値は捨象している。いや、暗い負の価値さえ金儲けに利用している。自国主義の人々の健気な戦いはドン・キホーテのようだ。

私が日本をグローバルの中で評価しようとする場合、政治・経済・イデオロギーからの視点は手に余る。やはり地形と気象の視点からのアプローチになる。

推論の結論は、日本の四季と自然は地球規模、つまりグローバル規模で決まるとなった。しかし断わるまでもなく、私は確信的に日本を愛する者である。

第1章の「日本語はなぜ特異な言語となったのか」で「2万年前の大氷河期、アジア民族は、日本列島の南に広がった東南アジア湾によって支えられた」ことを述べた。

実は、日本人は冬になると大雪を運んでくるユーラシア大陸の地形によって生かされている。

◇――日本列島の「命の源」である季節風

日本列島には一年中、海から雨が運ばれてくる。

春から初夏にかけては、南西から北東に伸びる梅雨前線に沿って雨が降る。この梅雨《つゆ》の雨は、日本列島各地の田植えの恵みの雨となる。

夏から秋にかけては、西から東へ流れる季節風に乗って大小の低気圧が訪れ、太平洋からは豪雨を伴う台風も襲ってくる。

台風は日本列島にとって災害をもたらす厄介ものと思われている。しかし、台風はある大切な役目を負っている。それは湖沼や湾などの閉鎖性水域の攪乱《かくらん》である。

平時には、閉鎖性水域に周辺から様々な物質が流入する。物質は閉鎖性水域の底に沈殿し、貧酸素状態になり腐敗していく。台風の風と荒波は、それら閉鎖性水域の底泥を攪乱し、酸素を供給し、浄化していく。

冬には、北西のシベリアから冷たく乾いた風が吹きつけてくる。その冷たい乾いたシベリアの季節風は、日本海を通過する。そのとき、日本海の水蒸気を一杯吸い込んで、湿った空気となり、日本列島の山脈に衝突した水蒸気は雪となって、山々に積もっていく。

山々に積もった雪は、水の貯蔵庫となる。生命が眠っているときには山で積もっているが、生命が芽吹くころになると融《と》け出し、日本海側だけでなく太平洋側の大地も潤《うるお》してくれる。山の雪は時間差をつけて日本人に水を供給してくれるダムとなっている。

日本列島の全ての生命は、季節風によって運ばれる雨と雪によって生かされている。時期によって向きが変わる季節風は日本列島の命の源である。

日本列島の命の源の季節風は、実は、ヒマラヤ山脈のおかげなのだ。

写真3-1　北側から望むエベレスト

出典:Wikipedia　撮影:I,Luca Galuzzi

◇——ネパールのヒマラヤ山脈

2015年の4月25日にネパールで大地震が発生した。首都カトマンズ北西77km、深さ15kmを震源とするマグニチュード8級の大地震であった。建物の倒壊、ヒマラヤ一帯での雪崩《なだれ》、土砂崩壊などにより多くの人命が失われた。

ヒマラヤ山脈は、約7000万年前からインドプレートとユーラシアプレートの衝突で造られてきた世界でも最も高く、最も若い山脈である。現在もプレートの衝突は継続していて、ヒマラヤ山脈は盛り上がる

図3-1　ヒマラヤ山脈とカラコルム山脈

出典：渡邉克晃『美しすぎる地学事典』（秀和システム、2020年）

ように動き続けている。

ヒマラヤ山脈は熱帯のインド洋と極寒のユーラシア大陸のシベリアを遮る壁となっている。世界には８０００mを超える山が14カ所もあるが、そのうちの10カ所がヒマラヤ山脈に、残りの4カ所がカラコルム山脈に集中している。

このヒマラヤ山脈が日本列島に多様性に富んだ季節風を運んでくれる。もし、ヒマラヤ山脈がなければ、日本列島に今のような季節は存在しない。**写真3-1**はヒマラヤのエベレストで、**図3-1**はヒマラヤとカラコルムの位置を示している。

◇――ヒマラヤ山脈を迂回する季節風

地球の地軸の傾きが、地球各地の太陽との距離を変化させ、多様な季節を与えてくれる。太陽が大地に近づけば暑くなり、大地から遠ざかれば寒くなる。

アジアの夏は太陽が近くなり、ユーラシア大陸は一気に温められる。大陸が温められると空気は上昇し、気圧が低くなる。温まりが遅いインド洋は相対的に空気が重くなり高気圧になる。インド洋の高気圧は、ユーラシア大陸の低気圧に向かって流れ込もうとする。

ところが、ヒマラヤ山脈という壁にブロックされる。インド洋の高気圧の風は、ヒマラヤ山脈を東に迂回《うかい》して吹いていく。その迂回ルート上に、日本列島が横たわっている。

もし、ヒマラヤ山脈がなければ、夏の風はインド洋からユーラシア大陸へ、直接南北に吹く。そうなれば、夏の季節風は日本列島をパスしてしまう。日本列島は夏の季節風から仲間外れになってしまう。

写真3-2　シベリアからの冬の季節風

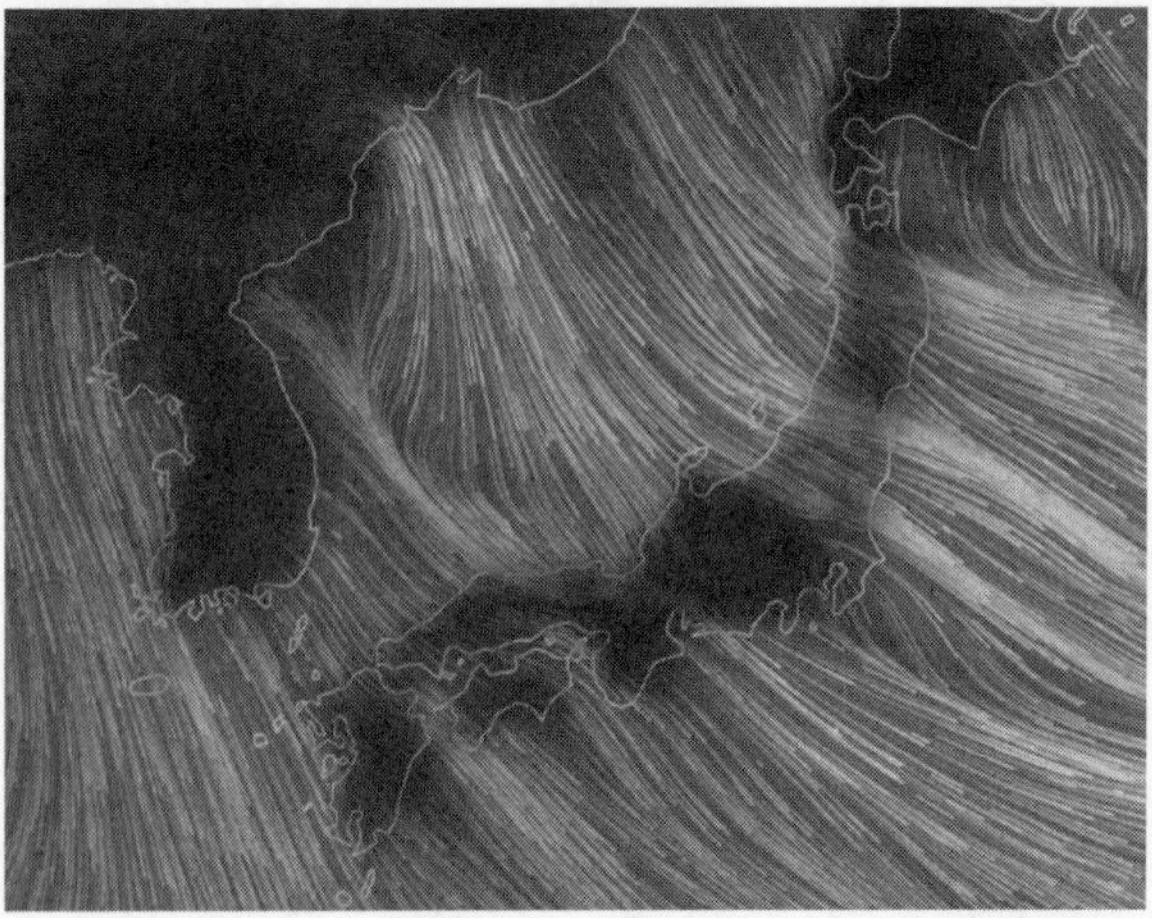

出典：気象庁

冬はその反対で、ユーラシア大陸は一気に冷え、空気は重くなり高気圧となる。赤道直下の南のインド洋は暖かく低気圧となっている。シベリア高気圧は、ヒマラヤ山脈がなければ低気圧のインド洋に流れ込む。しかし、壁のヒマラヤ山脈にブロックされてインド洋に行くことができない。やむをえず、シベリア高気圧は、気圧の低い太平洋に流れていく。そのルート上に日本列島がある。**写真3-2**はシベリアから吹き込む冬の季節風である。

日本海を渡るシベリア寒気団は日本海の温かい水蒸気を抱えて日本列

写真3-3　飛騨・白川郷の雪景色

写真提供:フォトライブラリー

島に向かう。たくさんの水蒸気を含んだシベリア高気圧は、日本列島の脊梁山脈にぶつかり雪を置いていく。**写真3－3**は飛騨・白川郷の雪景色である。

日本人はこの積雪の雪解け水を上手に利用した。春の雪解けの水で、冬に固くなった田の土を柔らかくする「代搔《しろか》き」を考えた。そして代搔きのあとの育生が確実となる「田植え」という効率的な稲作手法を確立した。世界に例のない高度な稲作技術を構築した。

図3－2は夏・冬の季節風とヒマラヤ山脈の関係を示した。

図3-2　夏・冬の季節風とヒマラヤ山脈の関係

地図出典：wikipedia　作図：竹村

ヒマラヤ山脈がなく寒気団が直接インド洋に吹いたら、日本に高度な稲作文明は誕生しなかった。

◇——地球規模で地形に目を向ける

日本人は日本列島で世界に例のない高度な稲作技術を創造した。日本人のアイデンティティーは稲作にある。日本の稲作を支えている気象は、日本人に与えられたものである。

太平洋、インド洋、シベリア大陸、そしてヒマラヤ山脈が、日本列島に多様な季節を与えてくれている。日本が独自の力で獲得したものではない。過去２０００年間を超える日本文明を形成した気象と自然は、国境を越えた地球規模の地形によって与えられていた。

21世紀の今、グローバリズムの荒波の中で、各国はアイデンティティーを再認識し、再創生しようともがいている。特に、エネルギー・食糧自給率が圧倒的に低い日本の苦しみは深い。

日本のエネルギー自給率は10%と極端に低い。エネルギー自給率10%の文明は絶対に存続できない。それは人類の歴史が証明している。

日本が存続する方向性はどこか。

改めて、地球規模で地形に目を向ければよい。日本は世界でも他に例がない独特な地形である。特異な地形が稀《まれ》に見る多様で豊かな気象と自然を日本に与えてくれている。

この多様で豊かな気象と自然が、未来の日本にエネルギーと食糧を与えてくれる。日本人は長い歴史の経験と知恵を保有している。この歴史の経験と知恵をもって、改めて日本の気象と自然に向かい合うことで未来の方向性を見出していける。

第4章

ピラミッドの「からみ工法」はなぜ生まれたのか

日本人とピラミッド

『日本史の謎は「地形」で解ける【文明・文化篇】』（PHP文庫）でナイル沿岸の100を超えるピラミッド群の目的と、ギザ台地の3大ピラミッドの目的の謎を私は論理的に解き明かした。エジプトのカイロの国際会議でそれを発表したところ、カイロ大学の教授が立ち上がり「初めてピラミッドの合理的な説明を聞いた」と発言してくれた。ピラミッドの技術が日本に伝わり、九州の筑後平野が築造された、とも発表した。私は意気揚々《いきようよう》と日本に帰国したものだった。

その後、私は本書の108、109ページの図4-3を何度も何度も見返した。あるとき、この図に日本列島で発見された遺跡の時代を入れてみた。その作業の先に、全く異なった推論の道が待ち構えていた。ピラミッドから技術が伝わったのではなく、日本の技術が古代エジプトに伝わったのではないか。その技術の伝承がピラミッドを建設することになったという途方もない仮説である。

私の全ての仮説の根拠は図4-3にある。国立極地研究所の方々の凄まじいご努力によって得た、南極のボーリングデータを数値処理した図である。精緻さには欠けるが、32万年前からの地球の気温変動が明瞭に示されている。

人類史を完全に転換させてしまう仮説は、ひとえにこの図によるものである。

◇――ナイルの河口デルタは人工のもの

文明の定義は分野によって異なる。「文明の開始」をインフラ分野から見ると、人々が食糧のためのインフラを共同して建設した時点となる。

人類の食糧とは米と麦であった。米と麦は保存でき、計量もでき、持ち運びができ、何とでも交換できた。米と麦という穀物は、その後に登場する貨幣と同価値であった。

穀物を生産するには、土地を整え、川から水を引き込む必要があった。この作業は一人ではできない。大勢の人間が協働する必要があった。土地と水への働きかけで人々が集まり、共同体の生活ルールができていった。土地と川への働きかけが、文明誕生の産声《うぶごえ》であった。

世界各地でメソポタミア文明、エジプト文明、インダス文明、そして黄河・長江文明が生まれていった。この中で、土地と水への働きかけで特筆すべきはエジプト文明であった。

エジプト文明の穀物生産の中心はナイル川の沿川でなく、河口部の広大なデルタであった。河口デルタはナイル川が運ぶ土砂の堆積で自然に形成された、と思い込んでいた。これは間違いであった。

ナイル川の河口デルタは人工の土地であった。古代エジプト人はナイル川河口デルタを造り上げるため、人類史上例のない大干拓事業を成し遂げた。

古代エジプト人の格闘の成果がナイルデルタであった。これまでも『日本史の謎は「地形」で解ける【文明・文化篇】』などで述べてきたピラミッド建立の理由の仮説をさらに発展させて考えてみたい。

◇――ピラミッドの必要性：土木工学的説明

ピラミッドといえばカイロ市郊外のギザ台地の3基の巨大ピラミッドを思いおこす。しかし、それは、ピラミッド群の主たるものではない。ギザのピラミッドにこだわると、ピラミッドの真の意味を見失ってしまう。

21世紀初頭までに発見されたピラミッドは130基となっている。未だ発見されていないものも残っている。その膨大なピラミッド群は、全てナイル川の西岸に位置している。

この配列にこだわった視覚デザイン学の高津道昭筑波大学教授は「ピラミッドはテトラポッド」であったと推理し、1992年に『ピラミッドはなぜつくられたか』（新潮選書）を出版した。

視覚デザインという思いもかけない観点からの展開であったが、高津教授は土木の専門家ではないため、テトラポッドや霞堤《かすみてい》という用語で説明し、土木工学的には不明確な説明になってしまった。

私は高津教授の説に賛同し、河川の専門家としてこの説を補強し、完成させていく。

「砂漠のピラミッド群は『からみ』であった」

◇──ナイル河口の干潟の登場

ギザから河口部には広大な三角州、いわゆるデルタが広がっている。エジプト農業の中心地はこのナイルデルタである。

このデルタの登場は6000年前のBC4000年以降である。6000年前、地球は温暖で海面は約5m高かった。世界各地の沖積平野は、海面下にあり、未だ姿を現していなかった。もちろん、ナイルデルタも海面下にあった。

地球の気温は、6000年前をピークに低下していった。それに伴い、海面は次第に降下していった。いわゆる海の後退である。これにより、世界中の河川の河口で、干潟が姿を現していった。ナイル川河口でも巨大な干潟が姿を現し始めた。

古代エジプト人たちは、この干潟に目を奪われた。荒涼とした砂漠を見慣れていた彼らにとって、干潟は潤いに満ちた天国であった。この広大な干潟を自分たちのものにしたい。この干潟を干拓して農耕をすれば間違いなく豊かになる。彼らはこのデルタ干潟を干拓する決意を固めた。

ただし、やっかいな問題があった。ナイル川西の左岸に広がる砂漠であった。

◇――ナイル川西岸の謎

図4-1はナイル川西岸のピラミッド群の分布である。

このナイル川西岸だけに配置されたのは偶然ではない。ナイル川西岸は、ピラミッド群を必要とした。

ナイル川の右岸つまり東岸には、山岳地形が連続している。そのためナイル川東岸の流路は安定している。一方、ナイル川西岸にはアフリカのリビア砂漠が広がっている。

地形的にナイル川はリビア砂漠に向かって西へ西へと逃げていくことになる。リビア砂漠に流れ込めば、ナイル川は砂の中に消えてしまう。ナイル川はエジプト人に、水と土砂を運んでくる。特に、ナイル河口の干潟デルタを干拓していくには、どうしても土砂が必要であった。

そのため、ナイル川が地中海まで到達するよう、西岸の流路を安定させる堤防が必要となった。しかし、目もくらむような長い西岸に堤防など築けない。

そこで、古代エジプト人たちは、巨大な「からみ」を建設することとした。

図4-1　ナイル川西岸ピラミッド群

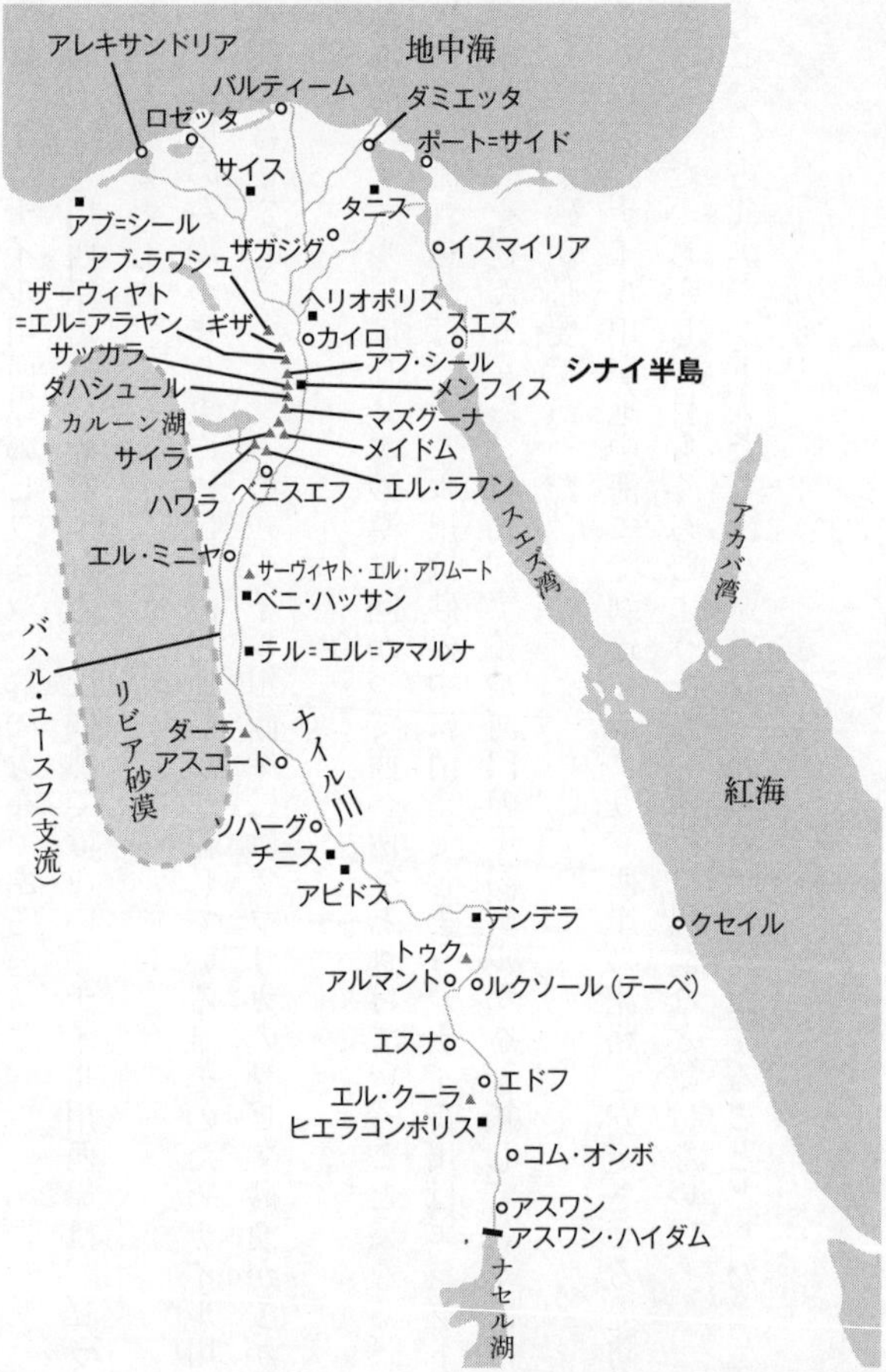

高津道昭筑波大学教授『ピラミッドはなぜ造られたか』（新潮選書）1992年掲載の図をもとに作成

図4-2　ピラミッド群のナイル川堤防

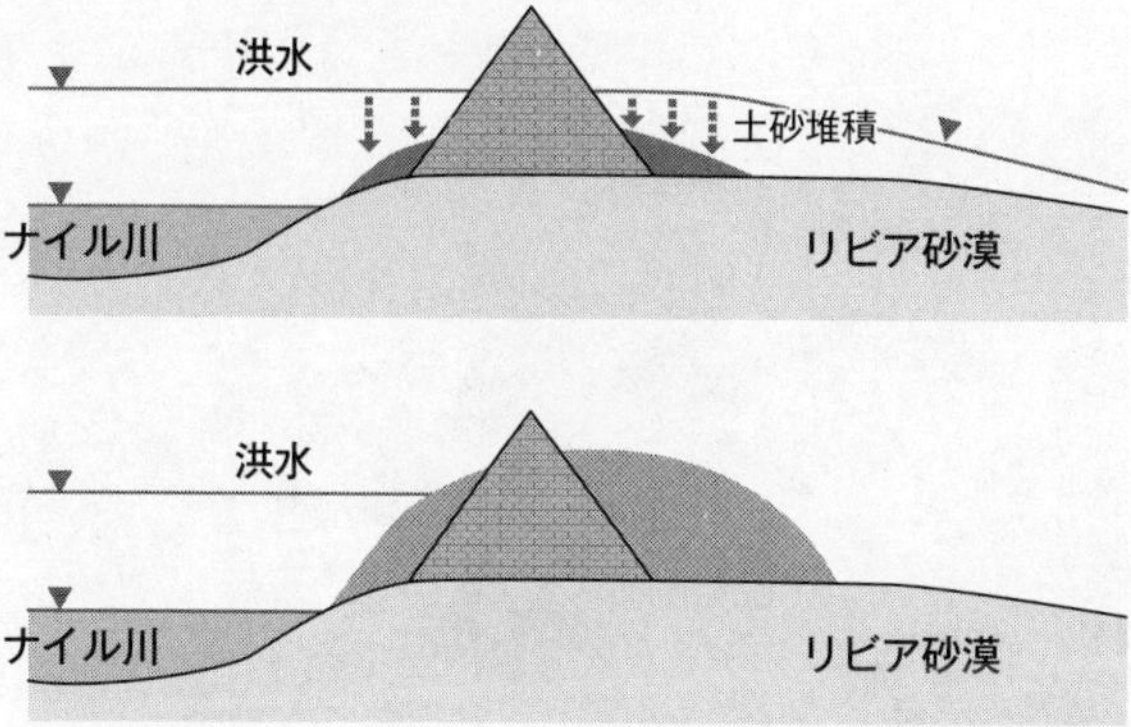

作図：竹村・後藤

◇──ナイル川西岸の「からみ」ピラミッド群

巨大な「からみ」とはピラミッドであった。ピラミッドを適当な間隔で何基も建設する。毎年、ナイル川の洪水は、上流から土砂を運んでくる。洪水の流速はピラミッド周辺で淀《よど》む。流速が淀めばナイル川の土砂は沈降し、ピラミッド周辺に堆積していく。

図4－2で、ピラミッド周辺で土砂が堆積する様子を示した。

何十年間、何百年間、ピラミッド群周辺に砂が堆積し、砂のマウンド（塚）は隣とつながり、連続した盛土となった。後年、

写真4-1　メロエのピラミッド

出典:wikipedia　撮影:B N Chagny

発掘されたピラミッド群が全て砂に埋もれていた理由はこのためである。

写真4-1はナイル川中流域のメロエのピラミッド群である。

古代エジプト人は、ナイル川西岸で何基も何基もピラミッドを建設した。ピラミッドの「からみ」でマウンドはつながって、連続した土盛りの堤防が生まれていった。ナイル川は西の砂漠に消えることはなかった。地中海まで水と土砂は到達し、人類史上最大の干拓地が形成された。

このように、ナイル川西岸のピラミッド群の目的は確信をもって説明できる。

ギザ台地のピラミッドは「灯台」

ここで高津教授は説明していなかったが、カイロ市郊外のギザ台地に立つ3基のピラミッドの目的を説明する。

大多数のピラミッド群は砂漠の中に連続して造られたが、ギザの3基のピラミッドは河口のギザ台地の上に造られた。

BC2500年ごろ（約4500年前）から建設されたギザ台地の3基のピラミッドの表面は大理石で覆《おお》われていた。造られた当時のピラミッドは美しく太陽を反射していた。

ギザ台地のピラミッドの目的は簡単である。ナイル川デルタでの干拓工事や舟の往来を守る灯台であった。

ナイルデルタは際立ってスケールが大きい。ギザからデルタ先端の海岸線まで直線距離で200㎞以上に及ぶ。面積は4万～5万㎢で、九州地方全体に匹敵する。これほど大規模な干拓は世界に類はない。

さらに、デルタには葦《あし》が茂っていて、古代エジプト人は、このデルタを「大いなる緑」と呼んでいた。デルタでは水の流れは上流から下流とは限らない。海の潮が差し込んでくる。葦に囲まれたデルタでは方向感覚が失われる。広大なデルタでの作業では、方向を見失わない「灯台」が必要であった。灯台は遠くから見通せなければならない。

灯台のピラミッドは可能な限り高くし、そして3基建設した。1基だと太陽の位置によって面が影になる時間帯がある。それでは灯台の役目を果たさない。3基あればどこかの面が太陽光を受ける。ピカピカの大理石は、鏡のように光を反射させて隣のピラミッドを照らす。その面がまた隣のピラミッド面を照らす。3基のピラミッドの光反射の組み合わせは、複雑なダイヤモンドの輝きとなる。ダイヤモンドのピラミッドは、厳しい干拓に従事する古代エジプト人たちを勇気づけた。

ナイル川西岸の130基以上のピラミッド群は堤防を形成した。ギザ台地の3基のピラミッドは、デルタ干拓の灯台となった。

ピラミッド建設は約800年間続けられ、従事した人々は延べ何千万人とも推定できる。ピラミッドを建設すれば、自分たちは豊かになれるとの強い確信であった。ピラミッドはエジプト文明誕生のために、絶対に必要なインフラであった。

紀元前3000年代の古代エジプトの大干拓は、人類の金字塔であった。

そして、この干拓技術によく似た技術が日本にもあった。有明湾の筑後平野の干拓がその「からみ工法」であった。

◇——有明海の「からみ」の謎

九州の有明海の福岡県と佐賀県にまたがる筑後川河口には、筑後平野がある。

筑後平野の形成過程は際立って特徴的である。筑後川河口の有明海の干拓は、海の潮汐《ちょうせき》の力を利用した「からみ工法」で行われた。筑後平野には「からみ」という名の地名が多い。新しいところでは「大正がらみ」「昭和がらみ」という地名がある。

「からみ工法」は、まず干潟に何本も丸太杭を打ち込む。干潟に打ち込んだ杭に、ツタや竹を「からみ」つける。1日2回、有明海は大きな満ち干を繰り返す。満ちるとき、海水はガタと呼ばれる土砂を沖から運んでくる。潮の流れは「からみ」周

写真4-2　筑後平野の干拓地

撮影者不明

辺で速度を落として澱《よど》む。潮が澱めば、潮で運ばれてきたガタ土はそこで沈降し堆積していく。

何カ月後には、「からみ」周辺に堆積土が盛り上がっている。その緩い堆積土を突き固める。何回か堆積と突き固めを繰り返すと、固い地盤が線状に形成されていく。その固まった地盤を堤防として、その内側を土砂で埋め立てれば干拓地が誕生する。**写真4－2**は、戦後の筑後平野の航空写真である。有明海のガタ土の堤防が「からみ」によって扇のように放射線状になっている。自然の力を利用した見事な干拓工法である。なお、筑後平野の周辺の灯台となる山々は、脊振山《せぶりやま》、耳納《みのう》連山《れんざん》、阿蘇山、宝満山《ほうまんざん》などと多数あった。

この筑後平野の「からみ工法」は、エジプトのナイル川のピラミッド堤防と全く同じ原理であった。

私は河川工学の専門なので筑後平野の「からみ工法」を知っていた。そのため、ナイル川の西側に建てられた、130基以上のピラミッドを知ったとき、ピラミッド群は「からみ工法」の堤防であったとすぐに確信した。さらに、ナイル川デルタの干拓を考えれば、ギザ台地の3基の大ピラミッドは灯台であるとも確信した。

そして、エジプト文明の技術が世界に伝わり、日本の有明海の干拓で「からみ工法」が展開されたと述べ、文章にして発表もしてきた。

しかし、1年前からある疑問に包まれていた。エジプトの古代技術がどうやって日本に伝わったのか、という疑問であった。

疑問が湧いてきたのは、過去10万年間の氷河期を人類はどうやって生きのびたのか、を考えている最中であった。この疑問は謎になり、この謎は途方もない仮説にたどり着くことになってしまった。

◇――南極氷河のオンザロック

２０００年（平成12年）の秋の夕方、心を弾ませて国立極地研究所に向かった。南極の氷でオンザロックが飲めるという。極地研究所で簡単な説明を聞いて研究室のテーブルに座った。

研究室の若手がオンザロックをテーブルに置いてくれた。氷は南極観測時に氷床をボーリングしたもので、年代は10万年前であるという。10万年前の氷のオンザロックなど二度と飲めない。

教授に氷床ボーリングは何のために行うのかを聞いた。氷河コアの酸素同位体を計測し、その量で過去の地球温度を計算する。それで何十万年間の地球の気温変動がわかるという。

是非、その結果を教えていただきたいとお願いした。教授は気楽に後ろの棚から大きなファイルを取り出してテーブルの上に置いた。ファイルを開くと、びっしり数字だけが詰まった膨大なデータ集であった。

勉強したいので電子データを送っていただけないかと頼むと、あっさり了解してくれた。翌日、さっそく膨大な数値データが私のパソコンに入ってきた。データをUSBに入れて若手を呼んだ。USBを渡しながら、このデータ処理をしてくれと頼むと、わかりましたと気楽に引き受けてくれた。

30万年間の地球の温度変遷

3週間ほど経ったころ、データ処理を頼んでいた部下が来た。できましたと言いながらA3の大きな紙を広げた。その図を見ているうちに鳥肌が立っていった。「凄いなー！」とつい言葉が出ていた。

この図をすぐ極地研究所の教授へ送付した。「データは長期間で膨大だったので、200年平均値を算出し、3000年間の移動平均値を求めた。私たち土木技術者が作業したので、正確さには欠けるかもしれないが、地球の長期気候変動の傾向は十分理解できる。土木屋の私が日本列島形成のプロセスを考えるうえで参考になる」との感謝の気持ちを述べた。

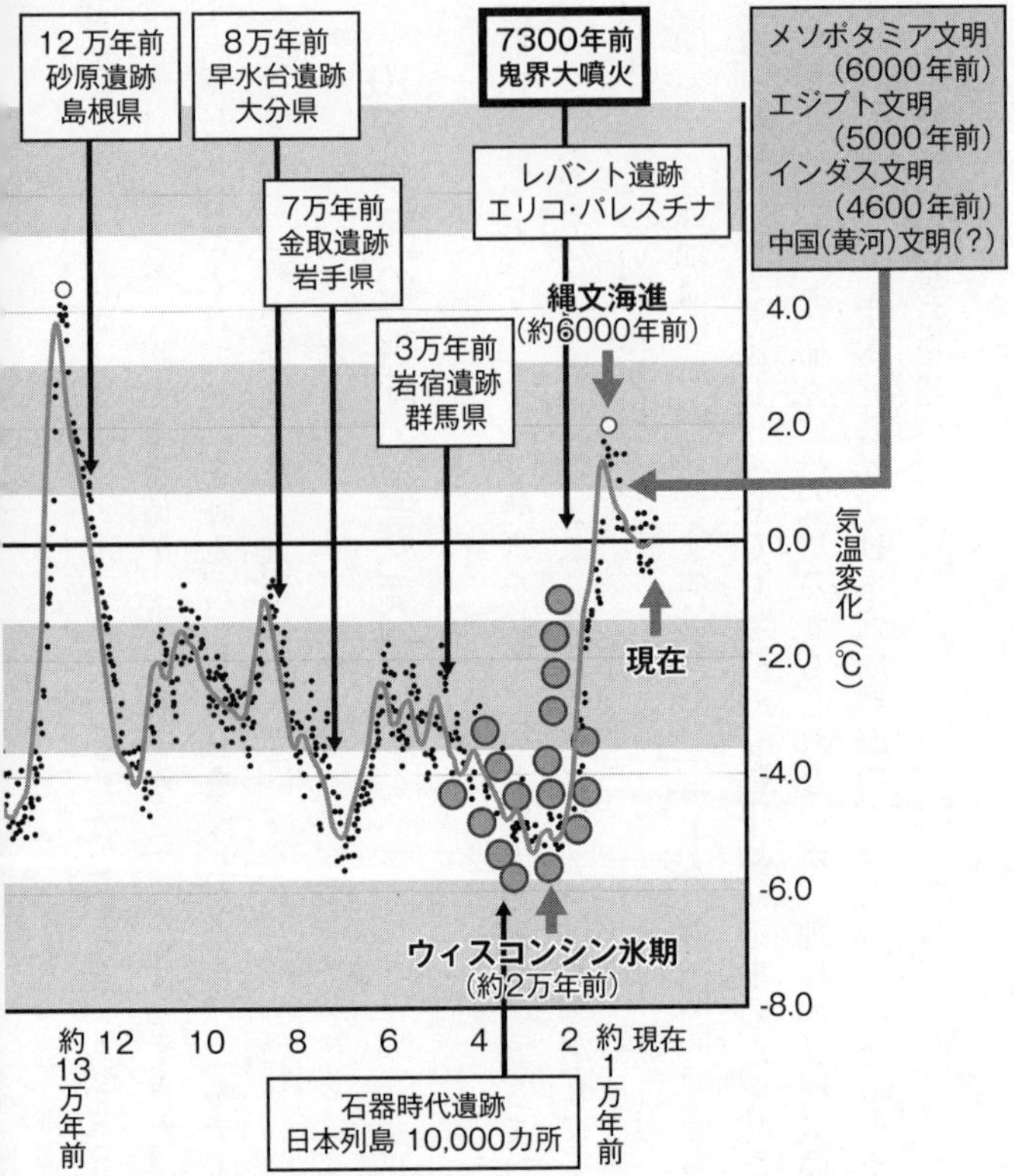

出典:国立極地研究所　南極ドームふじボーリングコアのデータより
国土交通省河川局河川計画課作成
作図:竹村

図4-3　32万年間の気温変動と日本の遺跡

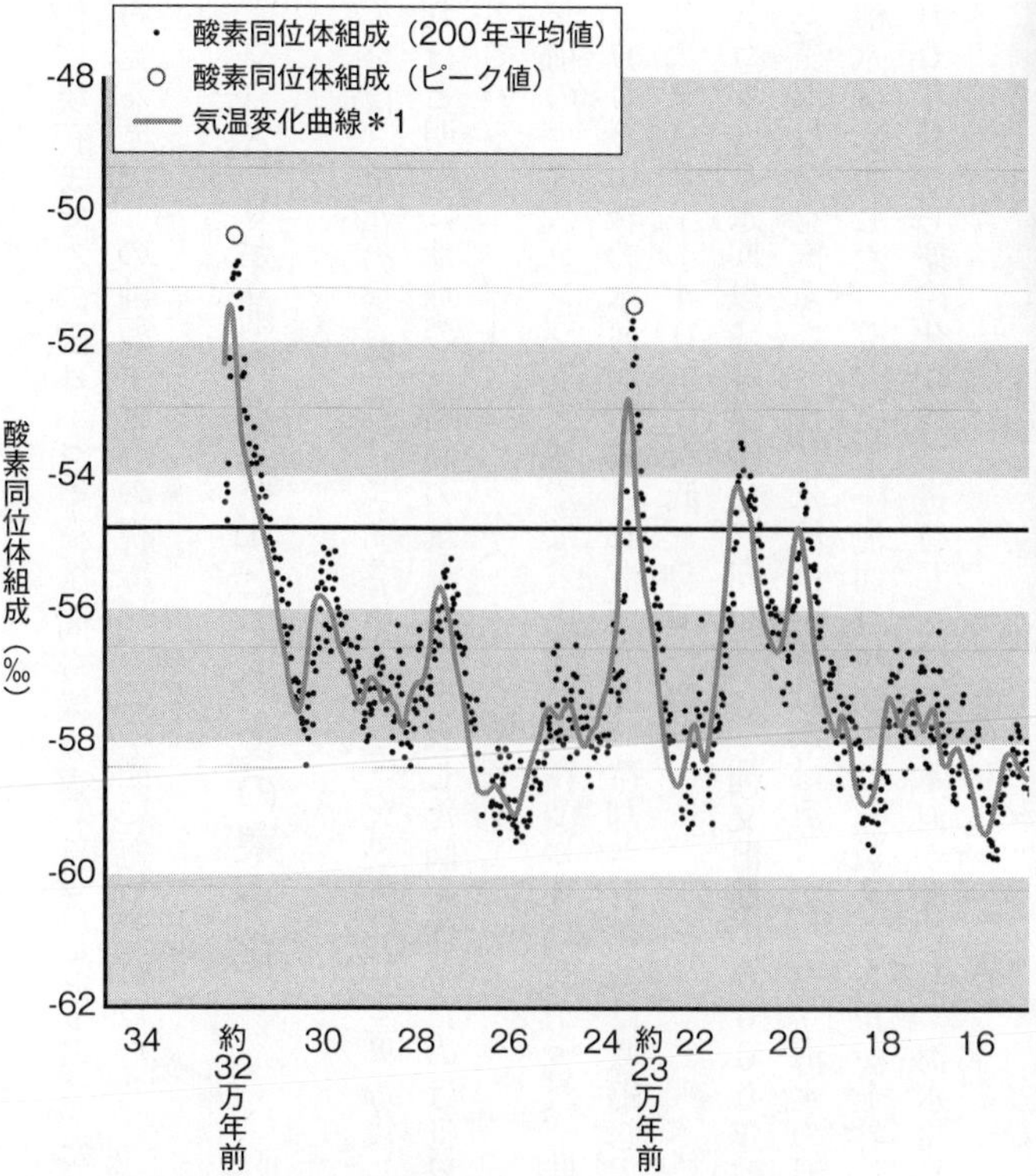

＊1 酸素同位体組成の200年平均値を算出し、3000年間移動平均値を用いている。
＊2 気温と酸素同位体組成との関係は国立極地研究所の指導による。

その後、現在までこの図4-3を何年間も繰り返し見ることとなった。「地形と気象から見る歴史」の沖積平野への視線は、この図に拠っていった。

◇——6000年前の温暖化とその後の寒冷化

図4-3は、現在の気温に対して32万年前までの気温変化を可視化した図である。これほど明瞭に地球の長期間の気温変動を表した図を作ったのは世界でも最初だと考えている。

2万年前のウィスコンシン氷期では、気温は現在より6℃低かった。世界中の大陸には3000m級の氷河が形成され、海水温は冷却され体積は収縮し、海水面は現在より〝120~140m〟も低下していた。

ウィスコンシン氷期以降は温暖化に向かった。縄文前期の6000年前には200年平均気温は2℃高くなった。氷河は融解し水は海へ戻った。海水の温度上昇によって海水は膨張した。その結果、海面は現在より〝数メートル〟上昇していた。

6000年前から寒冷化が再び進行し、陸上で氷河が発達し、海水冷却により海

図4-4　沖積平野の形成

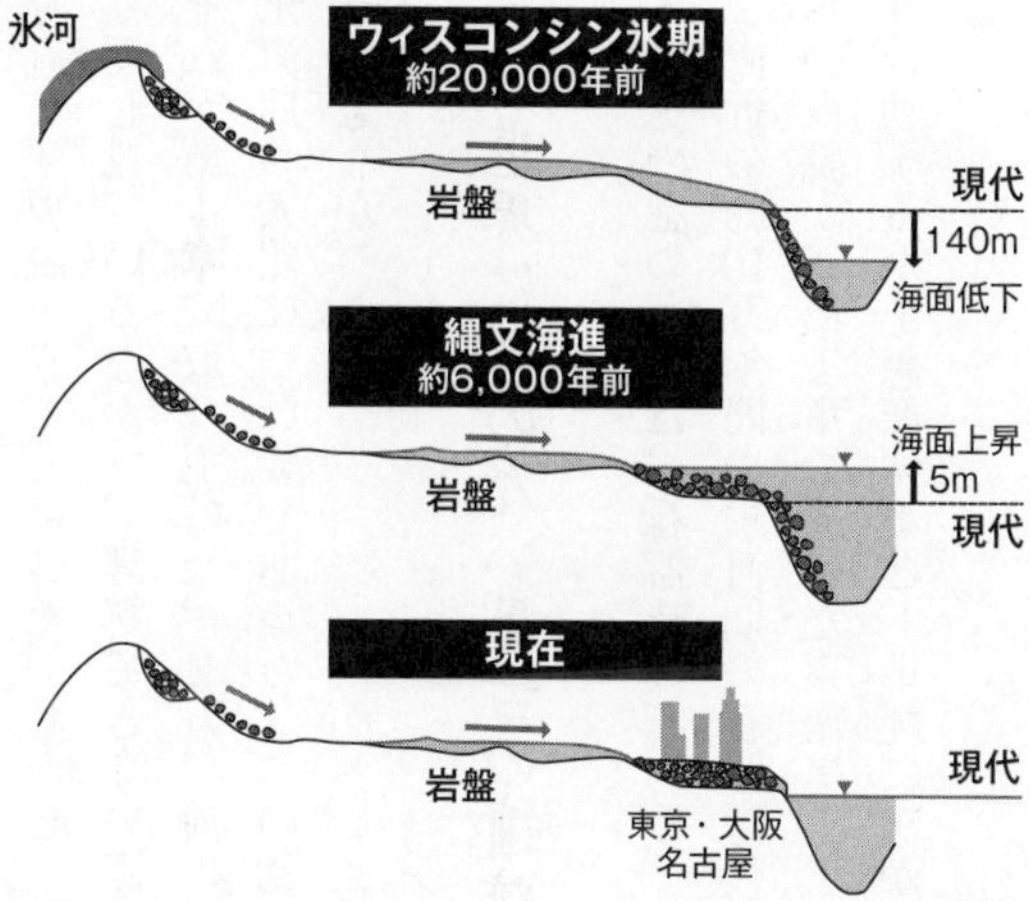

作図：竹村・木村

水収縮が起こり、海面が低下し現在の海水面になった。海面が低下したので、海は陸から離れ後退していった。海が後退すると、広大な干潟が登場してきた。かつて海だった場所に6000年間、河川が土砂を運び続けていたのであった。沖積平野の誕生であった。

日本列島の祖先たちはこの湿地の沖積平野で稲作を展開していった。図４-４は、２万年前からの海面変化と沖積平野の形成を説明した図である。

歴史の主人公は「人間」である。歴史は物語（History）だから人間模様が中心になるのは当然である。私は人間模様をパスして「地形と気象」で日本史を見直し、仮説を立てていった。しかし、図4-3の32万年間の地球の気温変化を繰り返し見ているなかで、理解できない深い謎を抱えてしまった。それが第1章で取り上げた、2万年前のウィスコンシン氷期を含む過去10万年間の氷河期の人間についてであった。この謎は人間を中心に考えていかなければ解けそうにもなかった。

◇――世界に類のない最古の遺跡群

人類史の謎の一つは、石器時代である。約20万年前に登場したホモ・サピエンスは、直近の約10万年間の氷河期の石器時代をどうやって生き抜いたのか？　その疑問への仮説が、第1章で述べた東南アジア湾岸への移動であった。当時の人々ならどう行動するかを想像すると、単純に暖かい南方に移動したのだろうと考えたのである。

前述したように、東南アジア湾の人々は魚介類を食べ、魚に飽きたら北の日本列島へ向かった。日本列島の亜寒帯林の中でキャンプをしながら、マンモス、ナウマンゾウやニッポンカモシカを追った。

この氷河期、日本列島には世界に類のない最古の遺跡群が残されている。北海道から沖縄まで遺跡は約1万カ所以上に及んでいる。

図4-3で、過去32万年の地球気温変動と日本列島で発掘されたホモ・サピエンスの遺跡をプロットした。このデータは多くの考古学者、科学者たちの成果である。日本最古の遺跡である島根県砂原遺跡が、寒冷期に入った12万年前のものであることは注目に値する。

過去10万年間の氷河期、東南アジア湾周辺の人々は、暖かい湾の中で海の民として小舟で移動し、出会い、穏やかな交流を続けた。ユーラシア大陸は氷に包まれていて、狂暴な騎馬民族はまだ登場せず、東南アジア湾の海洋民族は平和な時間を過ごしていた。

2万年前の大寒冷期の後の温暖化で、海面が上昇し、島になった日本列島で生きていたホモ・サピエンスは、突然、大自然災害に遭遇した。彼らは日本列島を後にして全世界に旅立っていった。大災害から脱したホモ・サピエンスは、史上最大のピラミッド建設に貢献していった。
図４‐３を基にしてその物語に入って行く。

◇――日本に定住、そして大災害

地球の約10万年の寒冷期、海面は約１４０ｍ低下し、世界中の海で海嶺が頭を出していった。

赤道直下で出現した大きな湾は３カ所あった。「東南アジア湾」「メキシコ・カリブ湾」と「アラビア湾」であった。図４‐５で、氷河期時代の赤道直下の３つの湾を示す。

氷河期の10万年間、ホモ・サピエンスたちはこの暖かい湾内で生きていた。しかし、ホモ・サピエンスは10万年間も同じ湾に留まっているほど落ちついた動物ではなかった。東南アジア湾にいた冒険家たちは舟で動き出した。

東に向かうと北太平洋海流に乗ってシベリア、北アメリカ、中南米、そして南アメリカ大陸にまで到達した。

図4-5　赤道直下の寒冷期の湾

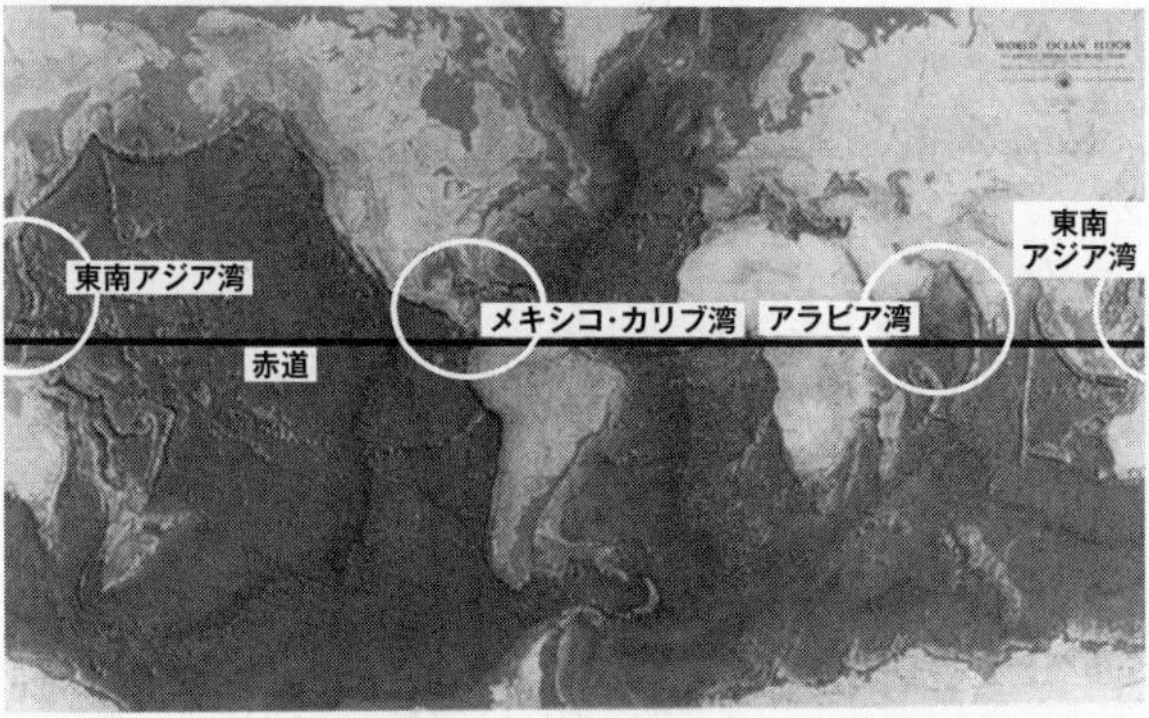

世界の海底図　出典：google.com ice age coastline map
付け加え作図：竹村

西に向かうと、陸地に沿ってマラッカ海峡、インドそしてアラビア湾に到着した。そこでアラビア湾の人々と出会い交流した。**図1-3**が、ホモ・サピエンスたちが乗った海流を示している（31頁）。

10万年の間、赤道直下の三大湾のホモ・サピエンスは西に東に動きまわっていた。彼らはのちに石器人、縄文人、古代エジプト人などと呼ばれる人々である。

2万年前のウィスコンシン氷期を終えると、気温は上昇しだした。気温上昇時の陸上の氷河の融解は早く、海面上昇は急激に進んでいった。1万5000年前ごろからの海面の上昇で、日本列島は大陸から離れ、海に囲まれた列島の姿になっていた。

日本列島のマンモスやナウマンゾウは絶滅し、姿を消していた。列島に取り残された人々は、腰を落ち着け漁業と農耕で定住し始めていた。

その矢先に、想像を絶する大自然災害が発生した。

「鬼界カルデラ」の大噴火であった。

◇――日本列島の人々の遠い旅路

約7300年前、鹿児島県南方50㎞にある鬼界カルデラが大爆発を起こした。(国立研究開発法人)海洋研究開発機構によると、火砕流は大隅半島や薩摩半島を直撃し、大津波も日本列島の東海岸全体を襲った。火山灰は東北地方まで達し、豊かな日本列島は不毛の列島へと姿を変えた。

日本列島の人々は、氷河期に交流していた人々を頼って一斉に海に漕ぎ出していった。南の沖縄、台湾、フィリピン、パラオ、そしてインドネシア諸島は彼らを受け入れてくれた。南太平洋に向かった人々は、トンガ、サモア、ハワイ諸島まで達した。東に向かった人たちは、北アメリカ、中南米、そして南アメリカ大陸まで到

写真4-3　スペースシャトルからのナイルデルタ

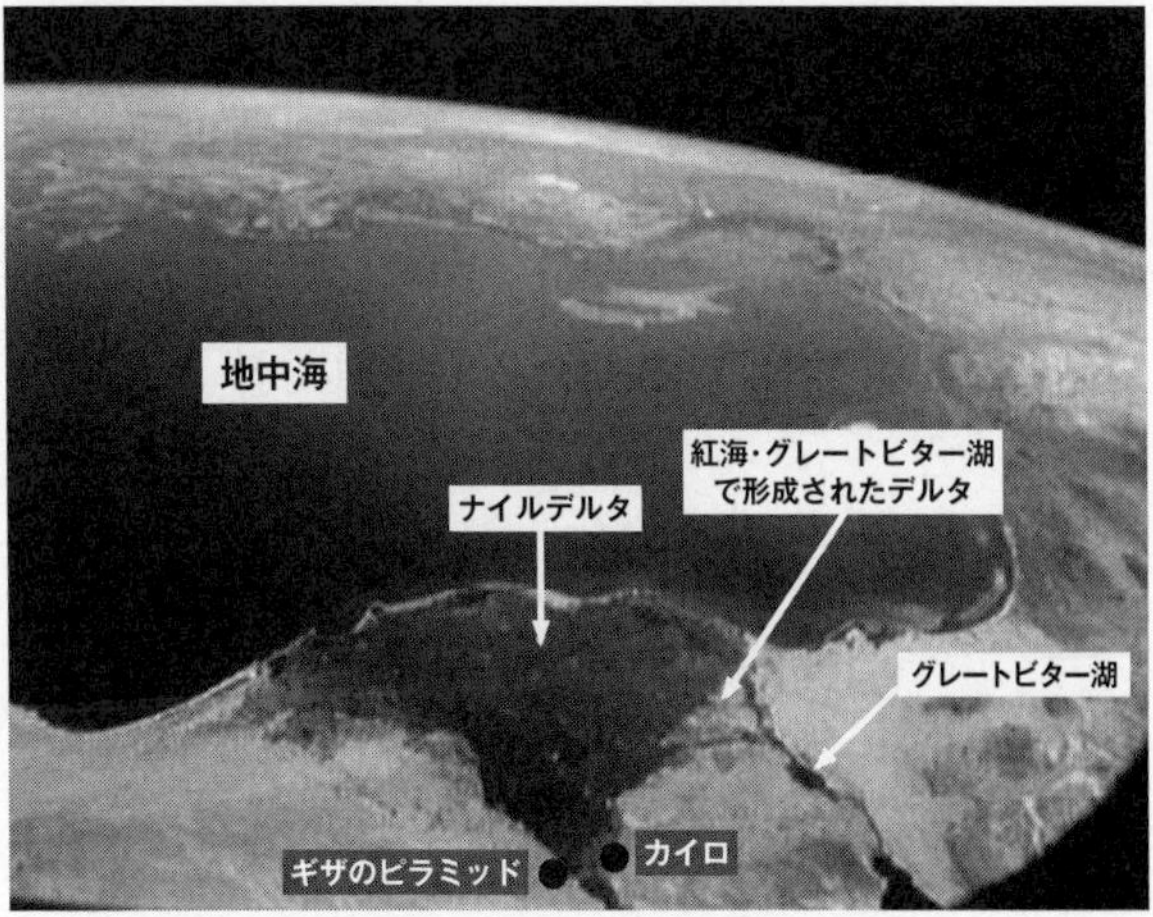

1993年7月1日　スペース・シャトル「エンデヴァー」より撮影
作図:竹村・後藤

達して住みついた。

西に向かった人々は、タイ、インド洋、そしてアラビア湾に達した。この時期、海面は上昇して氷河期にはあったアラビア湾は消えていた。人々はアラビア湾の場所にあった陸地、さらに紅海に入り込んでいった。

21世紀の現在、紅海と地中海は人工のスエズ運河で結ばれている。1万年前は海面が高かったので、自然の水路で紅海と地中海は結ばれていた。**写真4-3**は紅海から地中海に続く、スペースシャトルから撮影された宇宙写真である。

紅海と地中海の水位差はほとんどないが、水路の途中にグレートビター湖がある。何百万年前からの地殻変動や、繰り返しの氷河形成と融解によりグレートビター湖から地中海に水が流れ出していた。スペースシャトルの写真では、湖から流れ出た土砂によるデルタのような地形が見られる。湖から水路を北へ進むと地中海に出た。地中海は栄養分のない海であったが、地中海に栄養分を豊富に含んだ大河が流れ込んでいた。

ナイル川であった。

ナイル川の左右の岸辺は2～3㎞と狭く、上下流の岸沿いに多くの部族が分散して住んでいた。エジプト考古学者たちによると、川沿いの部族跡には城壁がなく、戦いのない平和な共同体群であったと推定している。

日本列島から旅してきた人たちは、穏やかなナイル川沿いの部族たちに受け入れられていった。

◇――ナイル河口干潟での謎

2万年前の寒冷期から開始された温暖化は、6000年前にピークを迎えた。いわゆる縄文海進であり、海面は現在より数m上昇していた。河口では氷河融解で運ばれた膨大な土砂が、河口の海面下に隠れて堆積していた。

6000年前、つまりBC4000年の縄文海進が終わると、現代に続く寒冷期が襲ってきた。**図4-3**で気温が低下していく様子がわかる。気温上昇時の氷河の融解は急である。しかし、気温低下時の氷河形成や海水温の低下は緩慢であった。1000年ほど経つと、海面が低下し、ナイル川の河口に巨大な干潟が姿を現し始めた。

前述した通り古代エジプト人たちは、河口の干潟に目を奪われ、このデルタ干潟を干拓する決意を固めた。

ただし、やっかいな問題があった。ナイル川の西岸に広がる砂漠であった。ナイル川を地中海まで到達させる堤防が必要となった。そこで、古代エジプト人たち

図4-6　海面変化とピラミッド建設

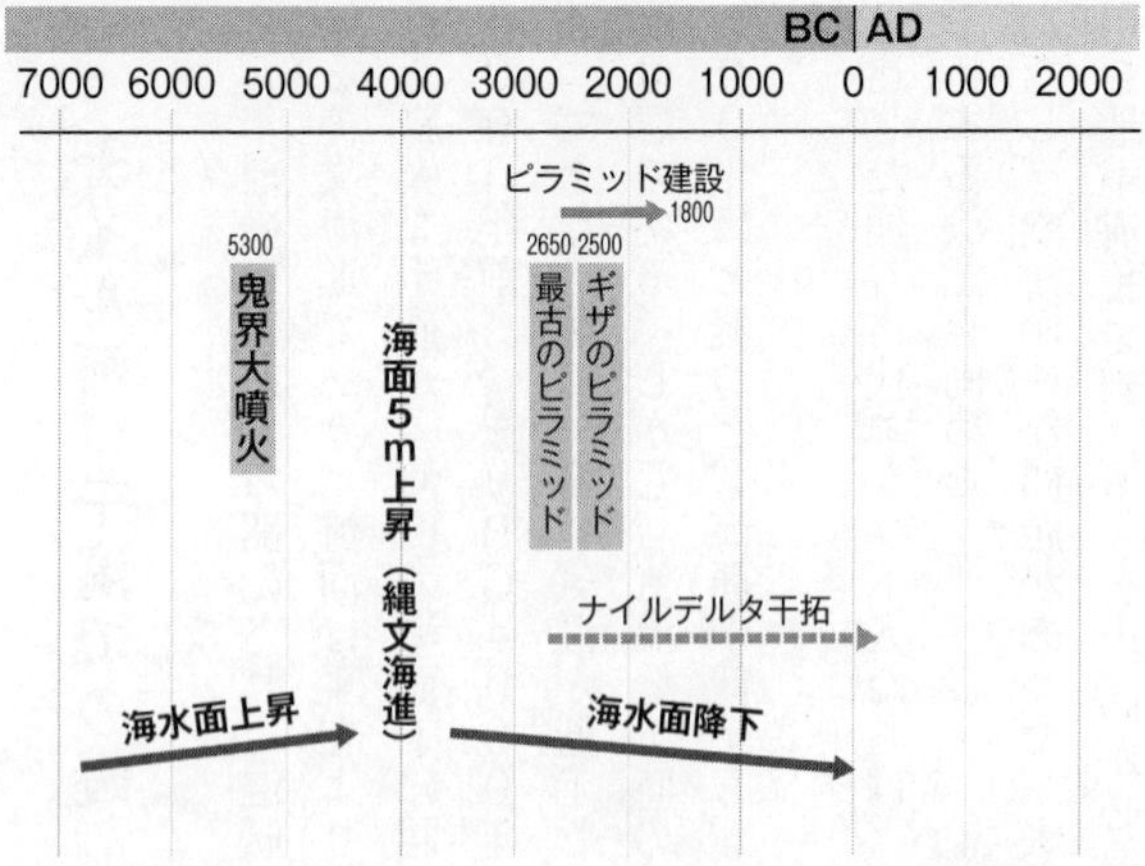

作図：竹村

は、王朝を設立し、巨大「からみ」ピラミッドを建設することとした。

図４‐６は縄文海進を中心とした時期の古代エジプト人たちのイベントを示した。

実は、ナイル川ピラミッドの新しい謎はここにある。

◇――なぜ過酷なピラミッド建設に従事できたのか

河口部の巨大な干潟を自分たちの宝とする目標は、はっきりしていた。

それにしても、小さなピラミッド一基でさえ最低2、3年かかる。さらにピラミッド周辺に土砂が堆積して「からみ」機能が発揮するのは20〜30年先となる。さらに、130基以上のピラミッドを建設して、堆砂の連続堤防を完成させて、ナイル河口に土砂を導き、広大な沖積平野を完成させるには1000年先となる。

自分たちが死んで何百年後にピラミッドの効果が出る。「からみ」ピラミッドへの強い確信がなければ、過酷なピラミッド建設などに従事できない。

このピラミッドへの確信は、ナイル沿岸の部族たちのものだったのか？「からみ」の手法とその効果に、確固として自信を持つ技術陣がいたのではないか。

◇──日本列島の10万年間のホモ・サピエンス

2009年、同志社大学の研究陣が日本最古の島根県出雲市の砂原遺跡を発掘した（図4-3）。日本列島には約12万年前からホモ・サピエンスが住んでいたことを明らかにした。砂原遺跡以外にも旧石器遺跡は日本列島各地で数多く発見されており、その数は1万カ所を超えている。世界各地で遺跡は発見されているが、これほど古い時期に、これほど大量の遺跡が世界の他の地で発見されているとは聞いていない。

日本列島で生活したホモ・サピエンスは、10万年間という長い時間の間に、技術と文化を進化させた。

彼らは地形と気象を利用して漁業や狩猟の技術を進化させた。有明海では潮汐《ちょうせき》を利用した「からみ」による定置漁法を考えた。つまり、潮が満ちるときには「からみ」に魚が入り込み、潮が引くと魚を手で獲れた。さらに「からみ」を利用すると貝を獲る土地を拡大することもできた。

起伏地形を利用して泉や沢の水を引き込み、日照りでも作物を安定して収穫する方法を考えた。アシを利用した舟から大型の船を造る技術を積み重ねた。固い鉱物を捜し出しては、次々と石器を進化させ、マンモスやナウマンゾウを絶滅させてしまった。

技術と文化を進化させていた人々は、7300年前の大噴火で日本列島から旅立つこととなった。彼らの一部はアラビア湾から紅海、地中海そしてナイル川にたどり着いていた。

ナイル川の「からみ」ピラミッドを指導したのは、遠く日本から旅をしてきた連中だった。

これが地形と気象を基にしたホモ・サピエンスの物語となる。

◇――ピラミッドの残された謎

ピラミッドの目的に関しては、昔から多くの説が提示されている。代表的なものが「王の墓」説である。今では研究者たちの間でも、王墓説は否定されている。「日時計説」「穀物倉庫説」「宗教施設説」「宗教儀式説」「天体観測施設説」もあるが、具体的物証によってことごとく否定された。

ドイツ生まれの考古学者メンデルスゾーンは苦しまぎれに「ピラミッドの目的はない。洪水氾濫《はんらん》期の農民を救済しないと、王朝体制が揺らいでしまう。農民に報酬を与えて救済するためにピラミッド建設を行った」と唱えた。この説の強みは証拠がないことである。単なる考え方は物的証拠もない代わりに、物証によって反証することもできない。

しかし、このような論理はとうてい受け入れられない。人間は無駄とわかっていることをいつまで続けることができるだろうか。10年、30年ならやるかもしれない。しかし、1000年近く継続することなどはできない。どれほどの絶対権力を持つ王朝も、何百年間も、膨大な人民に命令して、無駄な工事を継続させることなどできない。

ピラミッドは明確な目的を持った人類文明誕生のシンボルなのである。

「『からみ工法』で130基のピラミッドによりナイル堤防を造った。ナイルの砂で河口の大干拓事業を成し遂げた。ギザ台地に3基のピラミッドを建設し、ナイルデルタの灯台とした」、そしてからみ工法とその効果を伝えたのは、日本列島の人々だった。彼らがからみ工法の効果を自信を持って教えたからこそ、エジプト人はピラミッドを造り続けることができたのだ。

「からみ」の知恵は日本の旅人から受けたかもしれない。しかし、ピラミッドを造ったのは古代エジプト人である。人類史上、古代エジプト人ほど忍耐強く、意思が固く、勤勉な民族を知らない。自分の死後の何十年、何百年も先のナイル社会を信じてピラミッド群を造り続けた。

ピラミッドの残された謎は、古エジプト人たちの心となった。

日本列島の人々からの情報があったにせよ、なぜ、古代エジプト人たちは、自分の死後、何百年先の未来のピラミッド効果を確固として信じられたのか？

人類の祖先たちの心の問題は私には手にある。

しかし図4-3を見ていると世界の四大文明と呼ばれるメソポタミア文明、エジプト文明、インダス文明、黄河文明などの人間活動はつい最近のように思えてくる。

第5章

なぜ日本人はロボットを仲間だと見なすのか

侵略から免れた国の共同体文化

アトムで育った私にとって、ロボットはヒーローであり、同時に私たちの仲間であった。鉄人28号も身体は大きいが仲間であった。成人になって米国映画の『ターミネーター』を観て驚いた。ロボット軍隊が人間を襲い、人間がロボットと戦っていた。人間が鋼鉄のロボット軍と戦って勝てるわけがない、と思いながらハラハラして観ていた。

日本の人口は2008年をピークに減少傾向に入り、高齢化も一貫して進行している。政府は少子化対策と言うが効果がない。文明の膨張期では子供は働き手として、兵士として必要であったが、成熟期に入った文明ではその必要がない。

未来の若者の減少に対してどう対処したらよいのか？　その答えは簡単である。〝ロボット〟である。

昭和50年代から60年代、日本は奇跡的な経済急成長を成し遂げた。この時期、日本は経済発展に見合う人口に達していなかった。日本社会は人口不足の状況を、ロボットを社会参加させることで平然と乗り越えていった。例えば何人もの駅員が行っていた乗客の切符の確認作業は、自動改札が代行するようになった。

ロボットは日本人と同じ仲間である。未来の日本人を助けてくれるロボットは次々と生まれてくるであろう。歴史を振り返ればわかる。

◇――過酷な現場

数年前、下水道管補修の機械化工法の見学に行った。場所は足立区の建設会社の工作所であった。

多くの土木構造物が現代の都市を下支えしているが、どの都市でも土木工事は厳しい社会条件の中で進められていく。これら都市土木の中で最も過酷な工事は「下水道の補修」である。

下水道管は敷設して30年経過すると、硫化水素の影響により管内の劣化が急激に進む。近年、道路の陥没事故が増加しているが、その多くが下水道管内の劣化によるものだ。

快適な都市生活にとって下水道は不可欠である。近代都市において、水洗トイレがない生活など考えられない。24時間３６５日、水洗トイレのシステムは動いていなければならない。そのため、下水道施設の補修や更新は、汚水を下水道に流したまま狭い空間で限られた時間内の過酷な条件下で行われる。

日本の技術はその過酷な下水道管の修繕工事を機械化した。その工法は、SPR(Sewage Pipe Renewal)という工法であった。建設会社の工作所でそれを間近に見て、心の底から驚いた。

◇——下水道管の補修ロボット

その工法を一言でいえば、腕の傷口を包帯で巻く工法である。ただし、下水管の傷なので、管の内側から包帯を巻く。

包帯は硬めの塩化ビニール製で、その塩ビの包帯を重ね合わせ、外れないよう重なる部分の溝が嚙み合っていく。塩ビの包帯が連続的に送り出され、その包帯を機械がゆっくりと管壁に押しつけていく。

管内がどのような形状でも、その形状に追従して包帯を押しつけていく。塩ビと管壁に残るわずかな空洞は、あとからモルタルでしっかりと塡充《てんじゅう》する。

図5－1が工法の解説イラストである。

施工機械は中空形状なので、汚水は中空部を通過して流下していく。工事現場に

図5-1　ＳＰＲ工法

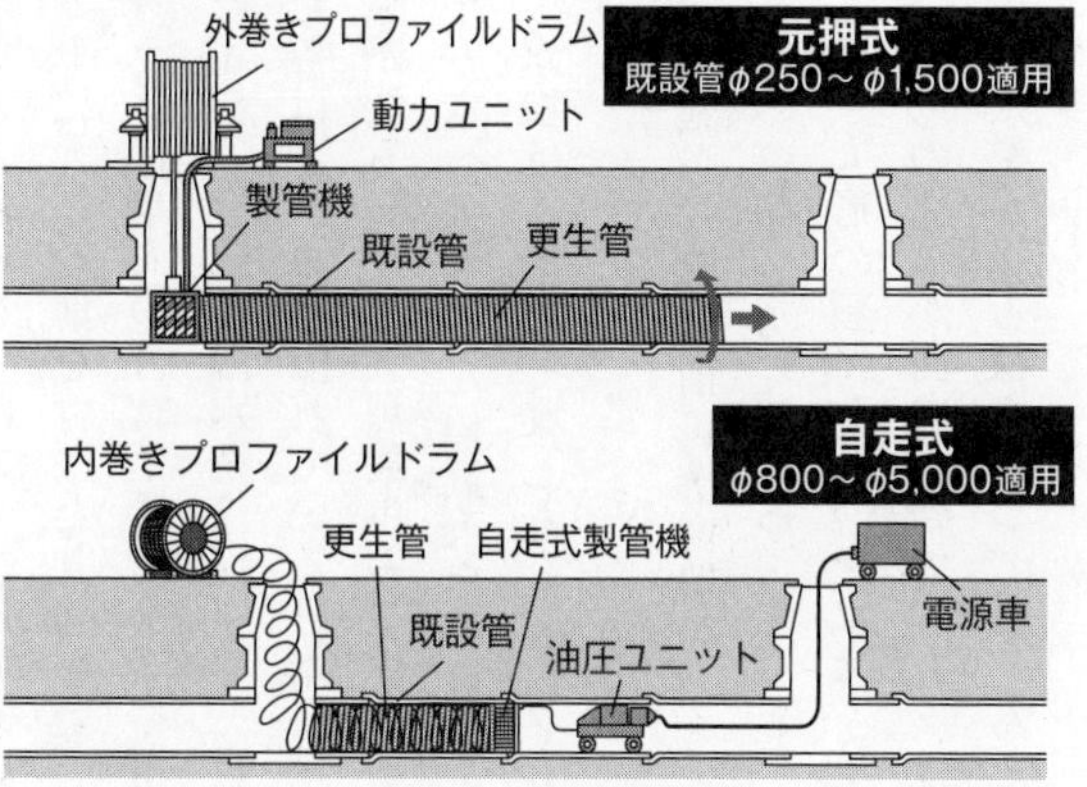

出典：日本ＳＰＲ工法協会ホームページ

立ち会うのは、塩ビの包帯を送り出す作業員たちと、その塩ビがきちんと噛み合っているかを監視する人だけである。

近代社会の最も過酷な土木現場で、日本人は世界に唯一のロボットを生み出してきた。

日本人のロボットは、ここでも人々の過酷な労働を助けていた。

◇――人類最古の水掛けロボット

日本人の際立った特徴はメカ好きなことである。

特に、海外の人々が奇異に思うのが、日本人は工場の産業用ロボットに「太郎」などと名前を付けて、まるで家族のように呼んでいる。欧米の人々は、工作ロボットに人の名前を付けたりしない。それはあくまで動く機械なのだ。

メカは日本人の日常生活にも深く組み込まれている。タクシーの自動ドア、全自動麻雀卓、全自動温水洗浄便座など数え出したら限りがない。初めて来日した外国人たちは、メカが溢れている日本に驚く。

私が知る限り、人類最古のロボットも日本である。

平安京へ遷都した桓《かん》武《む》天皇の皇子が、日照り続きで人々が苦しんでいるのを見て、水掛け人形を考案した（『からくり人形の文化誌』高梨生馬、學藝書林、１９９０年）。

その人形は胸の前に洗面器のような容器を持っている。人々が川から水を汲んで、その容器に水を入れる。すると、人形はバシャッとその容器の水を自分の顔に掛ける。人形の顔にかかった水は、足もとの田んぼに流れる仕掛けになっていた。その人形の仕草が面白いので、人々は川から水を汲んで、その人形の容器に入れ、人形が水をかぶる様を笑って楽しんだ。そのため、田んぼに水が一杯になったという。

なぜ、これほど日本人はロボットが好きなのか？
建設会社の人たちとSPR工法を見学しているうちにその謎は解けていった。

◇──従業員たちと気持ちを合わせて働くロボット

建設会社の作業員たちは、私たち見物客を迎えたときは緊張していた。建設会社の技師長が機械の説明をしている間も、固い空気は変わらなかった。しかし、機械が動き出すと現場の空気は一変した。

そこには社長も作業員もなく、その機械が主役となっていた。機械は機械だったが単なる機械ではなかった。作業員たちと気持ちを合わせて働くロボットだった。塩ビの包帯を黙々と巻き付けていくロボットを、社長も作業員たちも懸命に見つめていた。予定通りの作業が終わると、その健気さに全員から笑みがもれた。過酷な作業を行い、作業員たちを助けるロボットは社長たち幹部の喜びでもあった。

1000年以上前の平安時代の水掛け人形が農民たちの水汲みを助けるのは、皇子や工作職人たちの喜びであった。

その集団が共同体かどうかを見分けるのは簡単である。その集団が喜びを共有している か否かである。

日本では支配者や指導者も労働する人々と共に、ロボットを喜びとして共有していた。

しかし、ロボットを生んだ日本人たちとロボットは同じ共同体であった。

世界史に登場する多くの文明で、支配者たちと労働する人々は同じ共同体ではなかった。

◇――侵略と奴隷

世界の歴史はユーラシア大陸を舞台にして展開した。その世界史を一言でいえば、暴力による侵略と被侵略の繰り返しであった。

歴史に登場したメソポタミア、エジプト、インダス、黄河、ギリシャ、ペルシャ、イスラム文明で侵略されなかった文明はなかった。

侵略した暴力は、土着の言語を圧殺し、風習を蹂躙《じゅうりん》し、女性たちを犯し、男たちを過酷な労働へ追いやった。そして、労働する人々を奴隷とする絶対的な社会制度を固めた。

なぜ、そこまで激しい圧政を敷いたのか。それは、いつ奴隷たちに逆襲されるかわからなかったからだ。事実、富を持ち、文化の衣をまとった支配者たちの子孫たちは肉体的に軟弱になっていった。彼らは強靱な肉体と精神力を持つ奴隷たちにいつか反逆されていった。

支配者たちにとって、奴隷の苦しみは自分たちの安全を意味した。逆に、奴隷の喜びは支配者たちの不安の種となった。そのため、奴隷はいつまでも過酷な労働を強いられ、支配者たちにその労働を楽にしてやるという思考は生まれなかった。

ところが、侵略と被侵略の世界史の中で、一度も侵略されず、奴隷制度が根付かなかった文明があった。

◇――侵略されなかった文明

日本が侵略されなかった理由は簡単である。

日本はユーラシア大陸の極東に浮かぶ列島であった。ユーラシア大陸と日本列島

写真5-1　日本のロボットは人間の味方

アトム(鉄腕アトム)

機動戦士ガンダム

出典:Wikipedia

の間には幅100km以上の東シナ海が横たわり、激しい潮流が流れ、大陸の暴力の侵略を防いでいた。

日本国内にも貧富の差はあり、差別はあった。しかし、日本国民全体が他民族に蹂躙され支配される奴隷の経験はなかった。

日本での過酷な労働は、同じ共同体の仲間が担《にな》っていた。仲間が過酷な労働を担っているのなら、その労働を少しでも楽にしてやろうとしたのは当然であった。過酷な労働を助ける機械の登場は、共同体みんなの喜びであった。その喜びからロボットに名前を付けて、自分たちの仲間にした。日本の漫画で登場する主役ロボットはみんな人間の味方だ。**写真5-1**のアトムとガンダムなどである。

それに対して、欧米人はロボットに根強い不信感を抱いている。

それは「人間を創りたもうたのは神であり、人間は神の真似をしてはいけない」という宗教的観点で論じられる。しかし、欧米人のロボットへの不信感は、もっとドロドロとした下部構造にある。

それは「ロボットは労働する奴隷」と考えていたからだ。

奴隷制度を持つ文明では、奴隷の反逆は何度も繰り返された。だから、奴隷のロボットもいつか反逆する、という恐怖感を心の奥底に抱えている。

欧米のロボット映画は、人間に反逆する物語が圧倒的に多い。ハリウッド映画「ターミネーター」シリーズも、ロボットが人間に反逆して人間と激しい戦いを繰り広げる物語である。このような映画にも欧米人の深層心理が表れている。

◇──世界の製造業をリードした産業用ロボット

日本の総人口は1億2800万人をピークに減少していく。人口が減ることに恐

図5-2　世界の産業用ロボット稼働台数

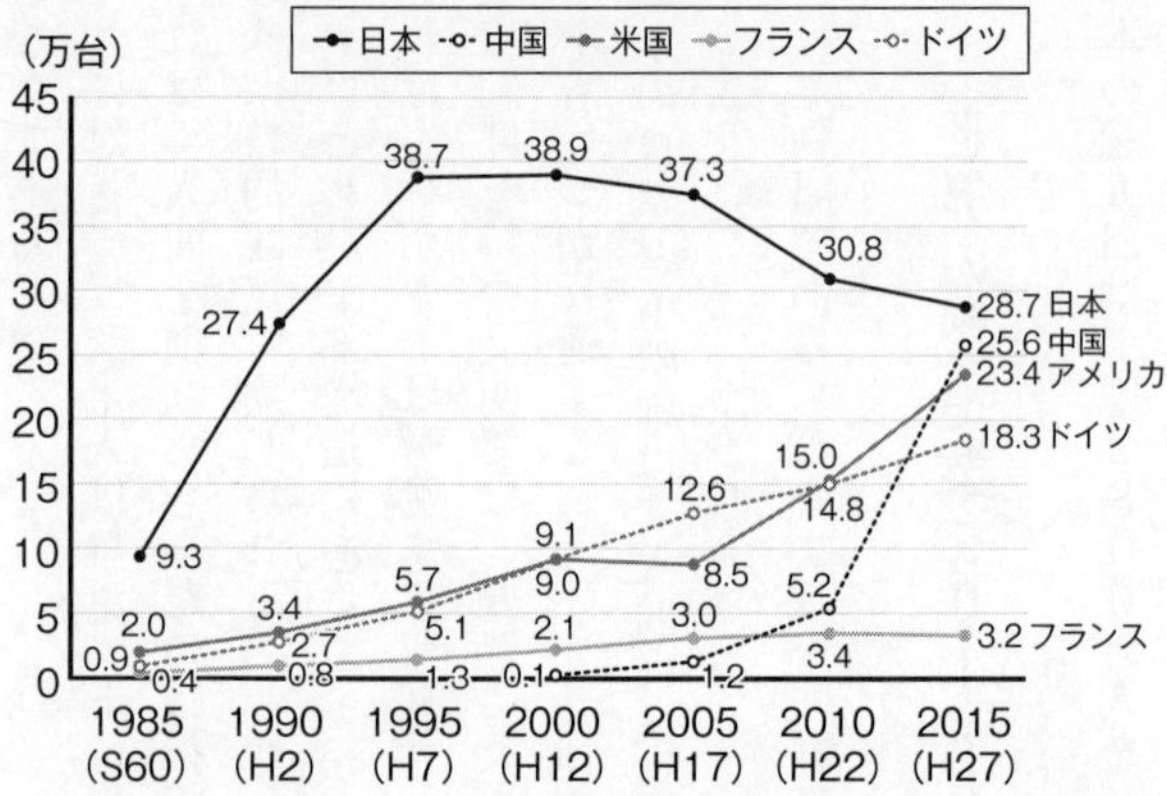

出典：国際ロボット連盟（IFR）

れを感じる必要はない。

日本人には過酷な労働を引き受けてくれるロボットがいる。日本文明は侵略されたことはなく、奴隷制度も知らず、機械と限りなく良い関係を築いてきた。

20世紀、日本の人口増加が停滞していくなか、日本の産業用ロボットは増加し続けた。日本の産業用ロボットは世界のトップに躍り出て、他の国の追従を許さなかった。20世紀の人類の製造業は日本の産業用ロボットが牽引《けんいん》した（図5-2）。

その日本のロボット技術は世界中の注目の的となり、21世紀になり、各国が競って日本のロボットを導入した。

著しいのは中国への導入であった。21世紀になって中国のロボットが急増している。その分、日本のロボットが減っている。現在、中国は世界の製造の拠点と言われている。しかし、その製造を支えているのが日本からのロボットの移転であった。

奴隷にならなかった日本人が、過酷な労働を助けてくれるロボットを生み、ロボットを世界の人類の仲間にしていった。

極東の島に浮かび、侵略されなかった日本の歴史は人類の宝であった。

第6章

工業地帯に囲まれた東京湾の魚介類がなぜおいしいのか

利根川の地下水の奇跡

品川の大井町の狭い飲み屋路地は心休まる空間である。飲み屋でたまに「アジがとれました！」という札が下がっている。店の親父が朝早く近所の東京湾で釣ってきたのだろう。酒を飲みながら、江戸っ子も食べていたであろう品川のアジを食べていると、江戸から東京の４００年の時間が身体の中を通り過ぎていく。

日本列島の歴史の中で、最も激変したのが江戸、東京である。１５９０年、徳川家康が江戸に入ってきたときには、江戸は悲惨な土地であった。全国の大名たちが領民を引き連れて続々と江戸入りし、江戸の街づくりに従事した。湿地埋立、江戸城、治水、街道、水道、そして災害復興を繰り返し世界最大の都市となった。名を東京に変えてからは、京浜工業地帯として近代化をリードし、大地震、大空襲で焼け野原になっても復興し、さらなる都市化が進んだ。

人類史で奇跡の都を挙げろと言ったら間違いなくこの東京となる。私が東京の謎を解こうとするときには、やはり地形の視点からとなる。

地形は全てのインフラの基礎であり、さらに地形の基礎は地下となる。基礎は英語でインフラ（人々には見えない下部）である。東京の人々には見えない地形の下部、つまり地下水から謎解きを始める。

◇――広重の鳥瞰図

21世紀、日本の首都圏は人口４０００万人の世界最大級の大都市になった。首都圏がこれほどの大都市になったのには二つの地形条件があった。一つは徳川家康の利根川東遷事業による関東平野。もう一つは江戸湾、つまり東京湾の存在であった。この二つの条件がなければ東京首都圏は存在していない。

利根川を銚子に向けて湿地を大穀倉地帯にした家康の利根川東遷事業は、日本人の誇りの「陽」であった。もう一つの江戸湾・東京湾は人々の目に触れにくい「陰」であった。

目に触れにくい江戸湾を、驚くべき方法で人々に知らしめた人がいた。江戸幕末の広重であった。**写真６-１**は広重の「名所江戸百景　深川洲崎十万坪」である。

鷲《わし》が頭を下にして、天空から地上を鋭い目つきで睨《にら》んでいる。鋭い目の先は海面で飛び跳ねる魚や雪野原を跳ね回るウサギだろう。大地は全て雪に覆われているため、鷲の羽の迫力が鮮やかに浮きでている。

写真6-1　歌川広重「名所江戸百景　深川洲崎十万坪」

出典：国立国会図書館デジタルコレクション

この絵の視点は、火の見櫓《やぐら》や高い山からではない。江戸湾上空からの視点である。ヘリコプターもドローンもなかった当時、広重は「鳥の眼」で見た江戸を描いた。

それ以前にも空中の視点から描いた日本画や浮世絵はあった。しかし、「鳥の眼」と高らかに宣言したのはこの広重が初めてだろう。鳥瞰図《ちようかんず》の誕生であった。

◇――江戸のゴミ捨て場だった江戸湾

この絵の大胆な構図に江戸っ子たちは驚いたと伝わっている。いや浮世絵を見た全国の人々も驚いたに違いない。国土開発の立場から見ると、この絵から重要な情報が見えてくる。

海岸沿いに浅草海苔《のり》の養殖の海苔網が並んでいる。その奥の雪で覆われている土地は、現在の江東区である。そこは埋め立て地であった。

この広大な土地を埋め立てたのはゴミであった。ゴミといっても現代社会のような過剰消費で捨てるゴミではない。

基本的に江戸はリサイクル都市であった。人々は使えるものは徹底的に再利用していた。それでも、火災や地震の後の家屋の瓦や、土蔵の壁などは再利用できず捨てるしかなかった。そうしたゴミの埋め立て地となったのが、市中から近い江戸湾であった。

１６０３年、江戸に幕府が開府された。家康が率いる３万人の部下たちの居住地を設営するため、神田にあった山を削って、日比谷や海岸沿いを埋め立てた。

部下以外にも江戸住まいする人々が登場した。前田利家は家康への忠誠の証《あかし》として、正室まつを人質として江戸に住まわせた。他の大名たちもこれにならい正室や子息たちを江戸に住まわせた。家光の時代には、武家諸法度は大名たちが守るべき制度にもなった。

江戸の大名たちにとって様々な役割の家臣たちが必要であった。国元から送られてくる物資の保管所も必要であった。上《かみ》屋敷、中《なか》屋敷そして下《しも》屋敷と大名屋敷が増えていくと、武士以外にも各種の職人や商人が必要となった。

人々が増えると茶屋、料理屋、芝居小屋、そして遊郭なども登場した。全国各地から人々が集まり、江戸の人口は一気に増えて、世界に冠たる百万都市に向かっていった。それに伴いゴミの量も増え、火事や地震の後始末の瓦礫《がれき》も大量に発生した。そのたびに江戸湾はどんどん埋め立てられ、江戸の下町が拡大していった。江戸湾はゴミ捨て場として、ひっそりと江戸社会を支えていた。広重の「深川洲崎十万坪」は、江戸湾が埋め立てられていく歴史を鷲が目撃していた絵とも思えてくる。

この鷲に尋ねるまでもなく、当時の江戸湾で獲れた魚は江戸前と呼ばれ、新鮮で美味だった。それから400年も経った21世紀の今でも、東京湾で獲れた魚は新鮮で美味しいと定評がある。

しかし、この21世紀の東京湾の魚介類の新鮮さと美味しさは謎である。普通では考えられない現象である。

◇――劣悪な環境だった東京湾

東京湾の地図（写真6-2）を見ればわかるが、湾の入口の浦賀水道は房総半島と三浦半島に挟まれていて、極端に狭くなっている。このような地形の湾は閉鎖性

写真6-2　東京湾

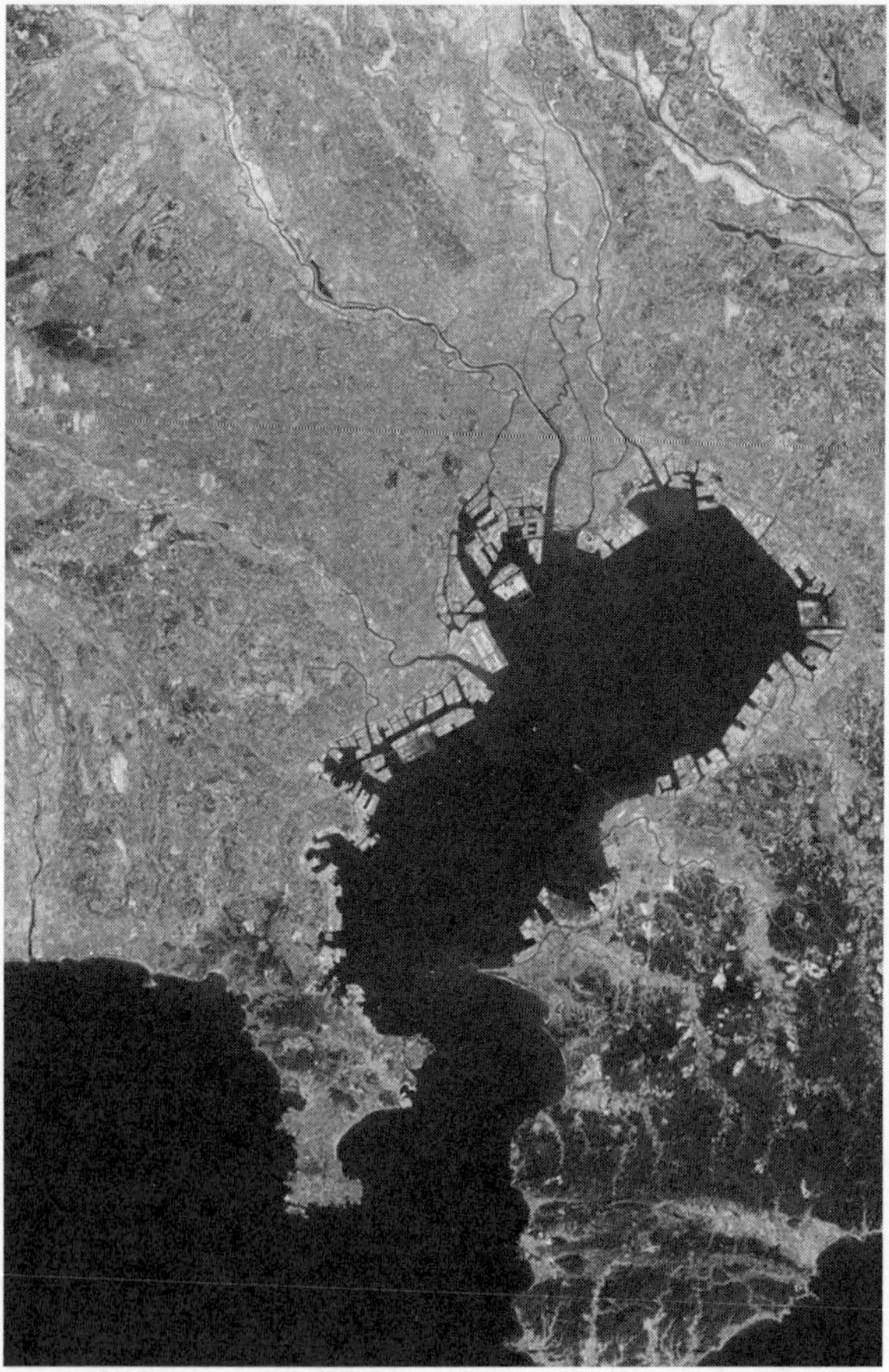

出典：Wikipedia

水域と呼ばれ、外海と湾内の海水の交換が行われにくいのが特徴である。そのため、いったん海底にヘドロが堆積されると貧酸素になり、嫌気性反応によって底質は悪化の負の連鎖循環に落ち込んでいく。

この東京湾は、明治以降、日本の近代化の先頭を走り続けた。京浜工業地帯、京葉工業地域に重化学工場をはじめ様々な工場が立ち並んだ。明治、大正そして昭和まで、汚水処理は後回しになり、多量の有毒汚水が東京湾に流れ込み続けた。臨海工業地帯の発達に伴い、人々の住居も急速に開発された。下水道は全く追い付かず、人々の排泄汚物は垂れ流しにされた。隅田川や都内の水路も汚物で臭く、人々は鼻を覆って通り過ぎていた。これらの工場排水も生活汚水も、全て東京湾に流れ込んでいった。

さらに、港湾と工業用地造成のため干潟の砂が採取された。干潟は水質を浄化するが、その干潟が姿を消した。干潟の砂の大規模浚渫《しゅんせつ》で、東京湾の底にはいくつものクレータのような窪地《くぼち》が残された。その窪地内は貧酸素になり、プランクトンは腐敗し、硫化水素が発生し、風の方向によって青潮が湧き出ていった。**図6－1**は50年前の干潟と2000年の海底の窪地を示している。**写真6－3**が、産経新聞

図6-1　東京湾海底地形図

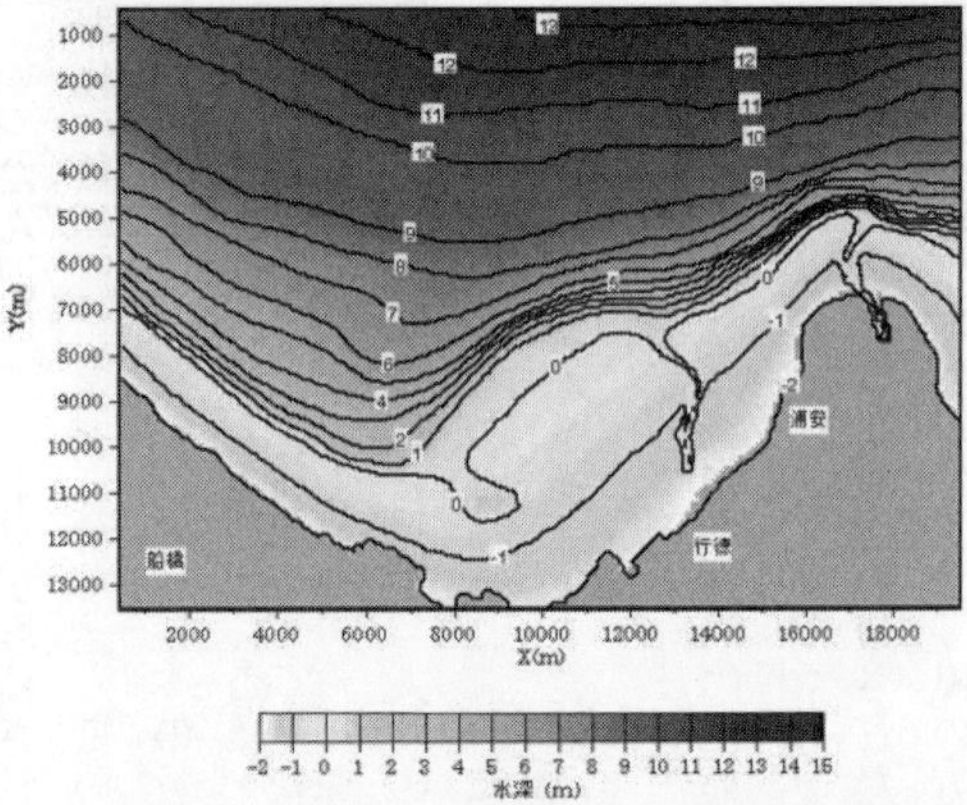

1948年

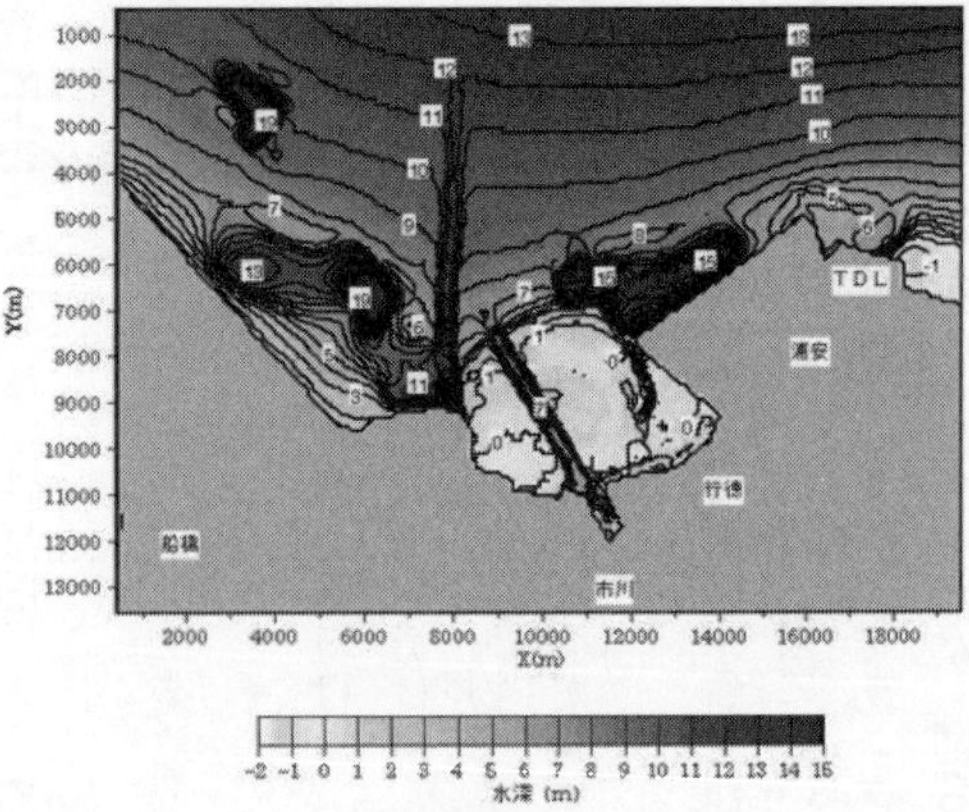

2000年

資料提供：九州大学大学院　清野研究室

写真6-3　東京湾青潮

写真提供:産経新聞社

が東京湾の青潮を撮影した写真である。

写真6－2はランドサット（アメリカの地球観測衛星）からの写真だが、東京湾の海岸線は直線の人工海岸となっている。このコンクリートの人工海岸には自浄能力はない。昭和30年代から60年代にかけて、東京湾は劣悪な環境に追いやられた。

このような状況だった東京湾で、なぜ、江戸前の魚介類が獲れるようになったのか？

閉鎖性水域はひとたび汚染されると、水の入れ替えには長時間かかり、何十年も回復しないのが一般的である。

下水道が整備されたとはいえ、今でも

1都6県の排水は東京湾に流れ込んでいる。大雨のときは合流式下水道の東京では糞尿そのものがオーバーフローして東京湾に流れ込んでいる。

この東京湾の復活の謎には、隠された答えがある。この隠された答えは、本当に隠れていた。

それは関東平野の地下に隠れていたのだ。

◇——利根川流域の地下水網

日本の水循環の解析技術は世界最先端を行く。

地球は水の惑星といわれているが、ほとんどが海水で、人類が使うことのできる淡水は1％のみである。その1％の淡水の内訳は97％は地下水で、河川や湖沼の淡水は3％しかない。つまり、地下水の持続可能な利用と管理が、地球全体の持続可能な水循環の死命を制していく。

図6-2は、私の仲間たちが解析した関東地方の地下水網である。地形、地質データを使用してコンピュータで地域の三次元立体モデルを作成する。そのモデルに

図6-2　関東地方の地下水網

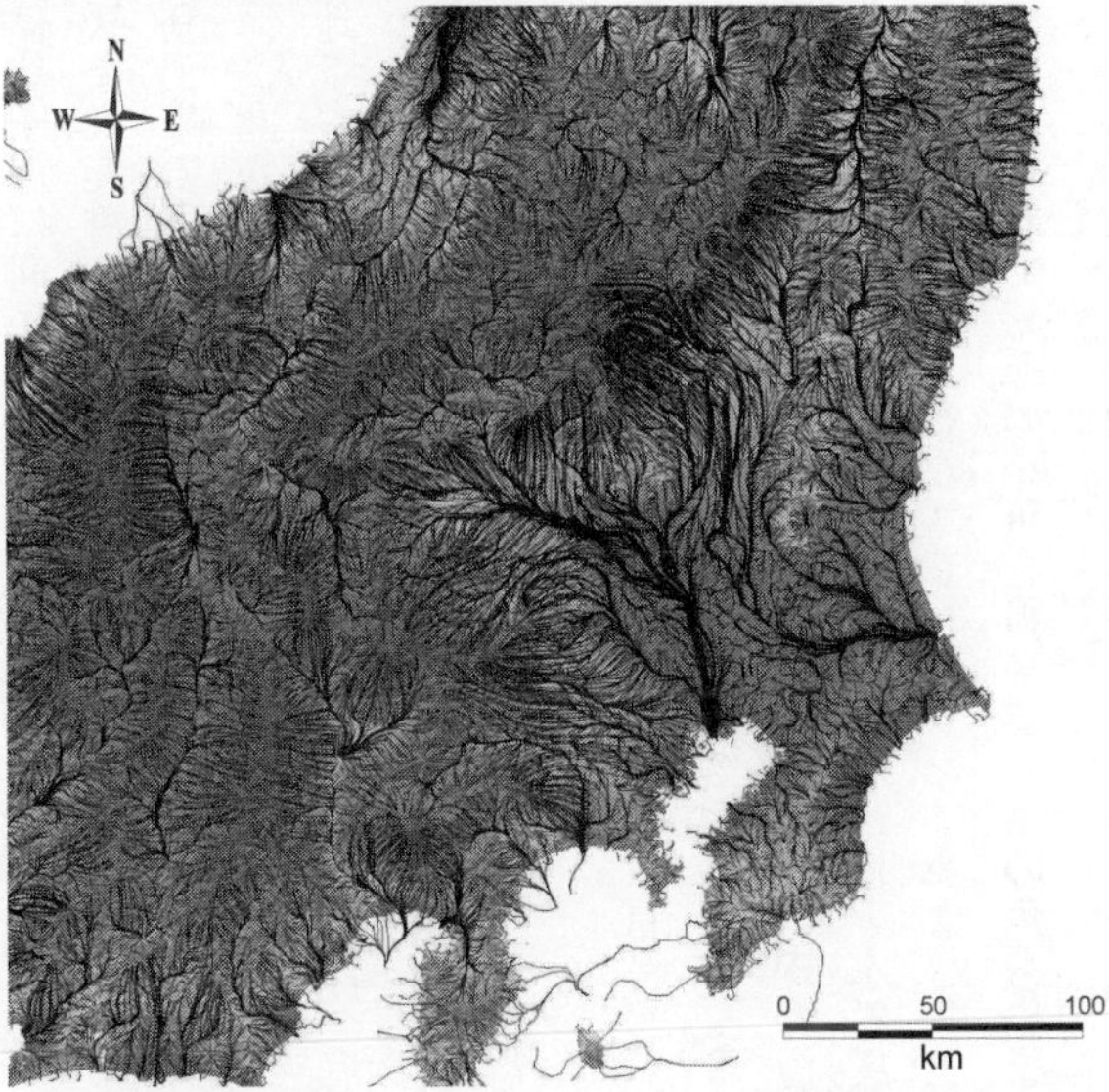

提供:(公財)リバーフロント研究所　解析:地圏環境テクノロジー

気温と雨などのデータをインプットして、地下水の流れを解析した結果である。

人類が見たことのなかった地下水脈を、世界で初めて見える化した。

この図を見てみると、群馬県の上流の山々から流れる地下水は東京湾に向かっている。群馬からの地下水は、もちろん利根川の地下水である。

家康は利根川を銚子に向ける「利根川東遷事業」に着手し、60年かかって利根川は銚子沖に向かった。南関東の水浸しの湿地帯は乾田化し、関東平野と呼ばれる肥沃な大農耕地が誕生した。

利根川の表流水は銚子に向かったが、山々から供給される地下水は依然として江戸湾に向かって流れ続けていた。人間は地表の流れは変えられたが、地形が供給する地下の水脈網まで変えることはできなかった。

◇——奇跡の日本列島の地下水

21世紀の今も利根川は「自分の故郷は東京湾だ」と主張している。

利根川流域の山々が供給する大量の地下水は、365日、24時間休むことなく東京湾に流れ込んでいる。この地下水が東京湾内の海水の入れ替えをしている。

入れ替えだけではない。湾内で海水と地下水の真水が混じり合い、多様なプランクトンが発生する。そのプランクトンは多様な微生物を育て、それを狙って小魚が集まる。そして、その小魚を狙って大型の魚も集まってくる。こうして生態系の豊かな東京湾が再生されていく。

閉鎖性水域の東京湾。超近代的な工業地帯で囲まれた東京湾。干潟を失った東京湾。首都圏4000万人の排水を受ける東京湾。その東京湾が豊かな魚介類を生息させている。

これは奇跡である。この奇跡を演出したのは地下水であった。

利根川の地下水は故郷の東京湾を覚えていた。その地下水が首都の東京湾を近代化による死の淵から救ってくれた。

実は奇跡は東京湾だけではなかった。日本列島の全ての閉鎖性水域で奇跡は起きていた。日本近代の工業化と都市化の影響を真正面から受けた閉鎖性水域は東京湾のほかに、伊勢湾、三河湾、大阪湾、有明海そして瀬戸内海がある。

これらの湾において、戦後の経済急成長時期に汚染が著しく進んだ。しかし、21世紀の現在の水質は改善されている。理由は下水道の整備、工場の排水処理改善で説明されている。しかし、地下水の役目は語られていない。

閉鎖性水域に流れ込んでいる一級河川だけを取り上げても、伊勢湾には木曽三川（木曽川、長良川、揖斐《いび》川）と庄内川の流域の地下水が流れ込んでいる。三河湾に流れ込む川は豊川だけだが地下では天竜川の地下水が流れ込んでいる。大阪湾には淀川（木津川、宇治川、桂川）と大和川の地下水が流れ込んでいる。有明海には筑後川、菊池川、白川《しらかわ》、緑川《みどりかわ》と地下水が流れ込んでいる。瀬戸内海には中国山地と四国山地から数えきれない河川と地下水が流れ込んでいる。瀬戸内海は都市ビル建設で海域の砂利が掘り尽くされてしまい、海底は無残なゴツゴツした岩場になってしまった。しかし、毎年のように襲ってくる台風の洪水が、大量の土砂を海域に供給し続け、豊かな海底が戻りつつある。

全ての河川と地下水の背景には日本列島の脊梁山脈が控えている。つまり日本列島の地形そのものが、日本列島の閉鎖性水域の汚染を生き返らせた原動力となっている。

近代化で崩壊した海域環境を回復させたのは、日本列島の地形と気象であった。日本の地形と気象の存在が奇跡だった。

◇――大湿地の関東

ところでなぜ家康は日本史上最大の国土開発の利根川東遷をしたのだろうか。

『日本史の謎は「地形」で解ける【文明・文化篇】』でも述べたことだが、冒頭で触れたもう一つの地形の物語についても取り上げてみたい。

１５９０年、豊臣秀吉は北条氏を破り、天下人となった。秀吉は家康に戦功報奨として関東を与える、という名目で家康を江戸城に移封した。この移封は正確にいえば、家康を江戸へ幽閉することであった。

何しろ江戸城から見る関東は、見渡す限りの不毛の湿地帯であった。

縄文時代、海は関東地方の奥まで進入し、関東平野は海の下にあった。利根川、渡良瀬川そして荒川が流れ込み、海面下に膨大な土砂を堆積させていた。**図６－３**は、縄文前期、海面が浸入していた関東である。

縄文時代から地球の寒冷化が進み、家康が江戸に入った時には、海面は約数ｍ下がっていた。海面が下がると、６０００年の間に堆積した土砂が、広大な干潟湿地として顔を出していた。**図６－４**は、江戸時代、広大な干潟だった関東を示している。

この干潟は厄介な湿地帯であった。少しでも雨が降れば、何本もの川の水が押し寄せて、何週間も何カ月間も水浸しになっていた。逆に、高潮ともなれば、海水は

図6-3　縄文前期の関東（海面5m上昇）

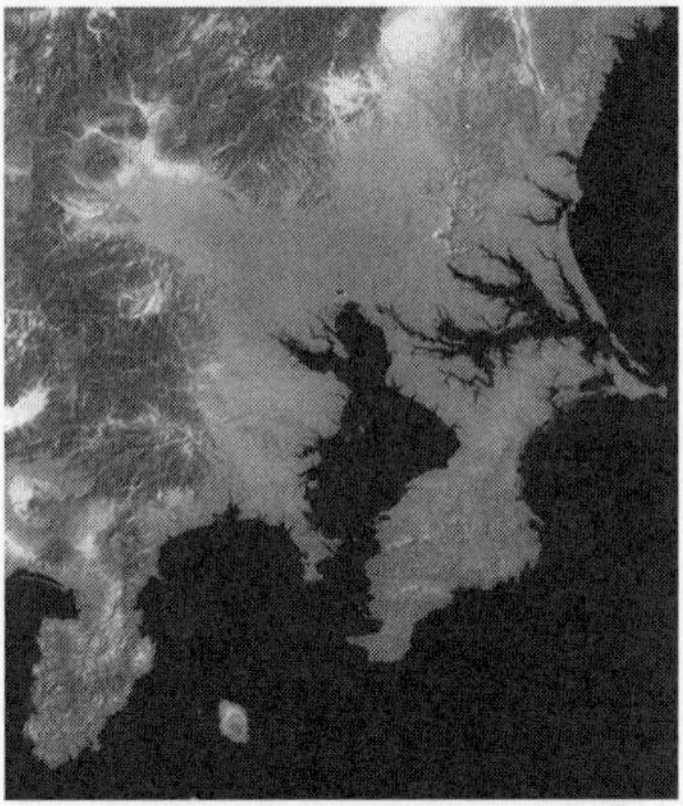

提供：（一財）日本地図センター

図6-4　江戸時代の関東平野の河川再現図

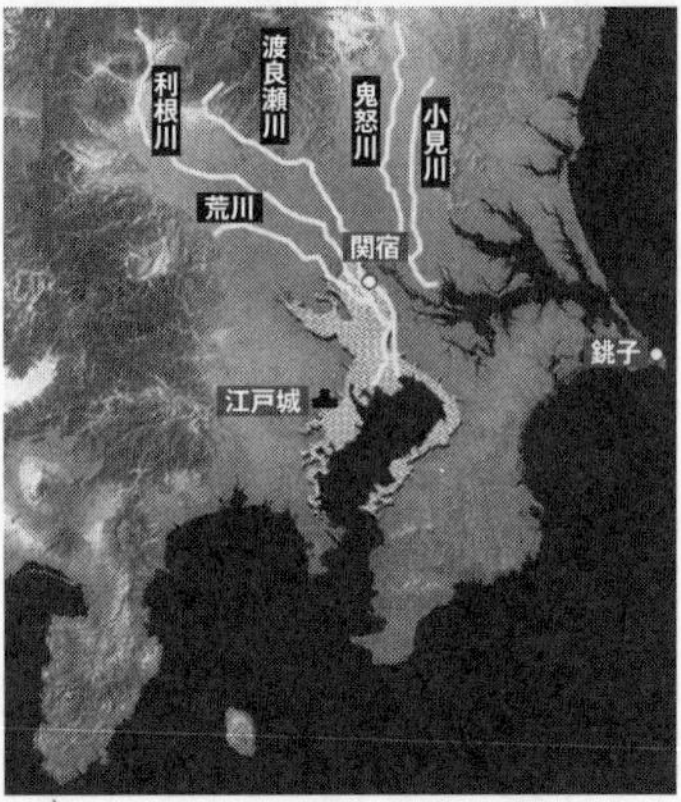

提供：（一財）日本地図センター　作図：竹村・後藤

干潟の奥まで差し込み、一帯は使い物にならない塩水で溢れていた。

あまりにも悲惨な光景に家康の武将たちは激昂《げきこう》し、すぐにでも秀吉と戦うべしと息巻いたと伝わっている。家康はその武将たちをなだめ、鷹狩りと称し関東地方を歩き回っていった。この鷹狩りは関東地形調査のフィールドワークであった。このフィールドワークは、日本の歴史上で重要な意味を持つこととなった。

フィールドワークで家康は、利根川である地形を発見した。図6－4でわかるが、利根川の流れは「関宿《せきやど》」で地形的にブロックされている。利根川はこの関宿で向きを南に変え、江戸湾に流れ込んでいた。

徳川家康はこの関宿の地形に気がついた。この関宿の台地を削れば、利根川の流れは東の銚子に向かう。この関宿の台地を開削《かいさく》して、利根川を銚子に向けて、関東の湿地帯を乾田化する。関東湿地を乾田化すれば大穀倉地帯となる。見事な構想である。

これは今私たちが語っている利根川東遷の一つの物語である。

しかし、歴史はそう簡単ではない。利根川東遷では、もう一つの物語が語られなければならない。

◇──関東の鬼門：関宿

家康が江戸に入ったのは1590年である。天下分け目の関ヶ原の戦いの10年前である。戦国時代の最終決戦が始まろうとしている時期であった。

戦国の最終場面において、家康にとってこの「関宿」は極めて危険な地形であった。大湿地帯の中で、この関宿の台地だけが東北地方へ続く乾いた土地であった。東北には若き武闘派の伊達政宗がいた。豊臣秀吉方の名門の上杉もいた。彼らが東北から一気に南下するときには、必ずこの台地を駆け下ってくる。この台地を南下すれば、房総半島は一瞬にして押さえられてしまう。

房総半島は古代から西日本と東北を結ぶ要《かなめ》の半島であった。銚子沖は強い危険な海流が太平洋に流れている。京都や大坂から来た船は、房総半島の良港に上陸して陸伝いに東北に向かった。房総半島の南が上総《かずさ》と呼ばれ「上」が付くのは、海から来れば京都に近いからだった。

東北勢が関宿の台地を南下し、房総半島を占拠すれば、江戸湾の制海権を握ってしまう。江戸湾の出口を押さえられたら、家康は天下制覇どころではない。

家康にとってこの関宿の地形は、東北から鬼が入ってくる鬼門であった。

◇――利根川を防衛の堀に

この関宿の地形を発見した家康は、この台地を開削して、利根川と渡良瀬川の流れを銚子に向ける計画を立てた。台地を開削し、利根川の水で巨大な堀を造る。この堀で東北からの急襲を防御する。

１６００年の関ヶ原の大きな炎が燃えようとしている１５９４年、家康は利根川東遷の第１次工事の会《あい》の川《かわ》締め切り工事に着手した。ところが、工事の真最中に関ヶ原の戦いが開始された。利根川の工事は一時中断せざるを得なかった。

関ヶ原で勝利し征夷大将軍を受けた家康は、関西を背にして江戸に帰った。まだ豊臣家が大坂城に構えているのに、東の度し難い不毛の江戸に戻ってしまった。家康には戦いが待っていた。人間との戦いではない。過酷な関東の地形との戦いであった。利根川の流れを東の銚子に向ける「利根川東遷」であった。

◇──利根川東遷の変質

関ヶ原の戦いの最中、東北では「東北の関ヶ原」と呼ばれる伊達と上杉の凄まじい戦いが繰り広げられた。その戦いは伊達の優勢で終わり、伊達政宗は徳川方へ旗《き》幟鮮明《しせんめい》にした。会津１２０万石の豊臣政権で五大老であった上杉景勝《うえすぎかげかつ》は米沢30万石に移封された。

1614年、戦国時代の最終戦、大坂の陣が開始された。伊達政宗は徳川側で大活躍をした。江戸幕府にとって伊達政宗は信用できる盟友となった。東北の上杉と伊達の脅威は完全に消えた。ところが利根川東遷は、営々と継続されていった。

1621年、新川が開削された。1654年、赤堀川が開削された。4代将軍・家綱の世、遂に、利根川と渡良瀬川の流水が銚子に向かった。すでに日本は戦いのない平和な時代となっていた。東北の敵から江戸を防衛する利根川の堀は必要なくなっていた。

ここで利根川東遷の目的が霧の中に入ってしまう。

いったい、利根川東遷の目的は何だったのか？

◇――利根川東遷の目的

この利根川東遷事業は、徳川家綱の時代で終わらなかった。江戸時代を通じて利根川の工事は継続された。川幅が拡幅された。川底が掘り下げられた。利根川東遷によって関東平野は大変身を遂げた。利根川の洪水が銚子へ向かい、不毛の湿地帯の関東が乾田化していった。日本一の穀倉地帯が誕生していった。

この時点で人々は、利根川東遷は関東平野を造るためだったと認識した。

幕末から明治になった。明治新政府は江戸幕府の社会制度をことごとく覆《くつがえ》した。しかし、明治政府はこの利根川東遷事業は、そのまま引き継いでいった。

近代に入り、関東平野に日本中の人々が集まってきた。南関東に人口が集積し、大首都圏となっていった。

昭和22年、キャサリン台風が関東を襲った。利根川は右岸で決壊して、流れは先祖戻りをした。濁流は東京湾に向かった。首都圏を襲い約1000人の人々の命を奪った。

利根川の治水は、極めて重要な国家課題となった。利根川の狭窄部《きょうさくぶ》はさらに広げられた。堤防の強化が続けられた。上流では次々と治水ダムが建設された。遊水地も建設されていった。

利根川の河川事業は、南関東を洪水から守る「治水」として21世紀の今も続いている。

歴史の出来事は時代によって解釈や説明が変化していく。この利根川東遷が良い事例となっている。

- 家康は上杉景勝と伊達政宗に対する「防衛」で利根川東遷を開始した
- 江戸時代、利根川東遷は関東の乾田化の「国土開発」となっていた
- 近代の利根川の工事は、洪水から首都圏を守る「治水」となっている

全国の大名はこの関東での徳川家の動向を見守っていた。結果として関東は日本の沖積平野の国土開発の夜明けの舞台となっていった。

この沖積平野の開発は空間を飛び超え、日本列島各地へ広がっていった。

◇──江戸の日本国土形成

江戸に幕府を開いた家康は200以上の戦国大名たちを統制するのに巧妙な手法を使った。それは日本列島の地形の利用であった。

日本列島の地形は海峡と山々で分断されていて、脊梁山脈からは無数の川が流れ

下っていた。この日本列島の地形の単位は流域であった。家康は、この各地の流域の中に大名たちを封じた。

戦国時代は流域の尾根を越えた領土の奪い合いであった。しかし、江戸時代は尾根を越え膨張する領地拡張は許されなかった。図6-5は流域単位で分割した日本列島の図である。

戦国時代までは、全国の河川は人の手が加えられず自由に暴れ流れていた。特に、河川の下流部では、川は何条にも枝分かれし、乱流しながら沖積平野を形成していた。そのどの沖積平野も真水と海水がぶつかり合った湿地帯となっていた。

流域に封じられた大名たちほか日本人は、外に向かって膨張するエネルギーを、内なる流域に向けていった。人々は力を合わせて扇状地と湿地帯に堤防を築いていった。自由に暴れまくる何条もの川を、一本の堤防の中に押し込めていった。

江戸時代、日本国土の農地面積は一気に拡大していった。

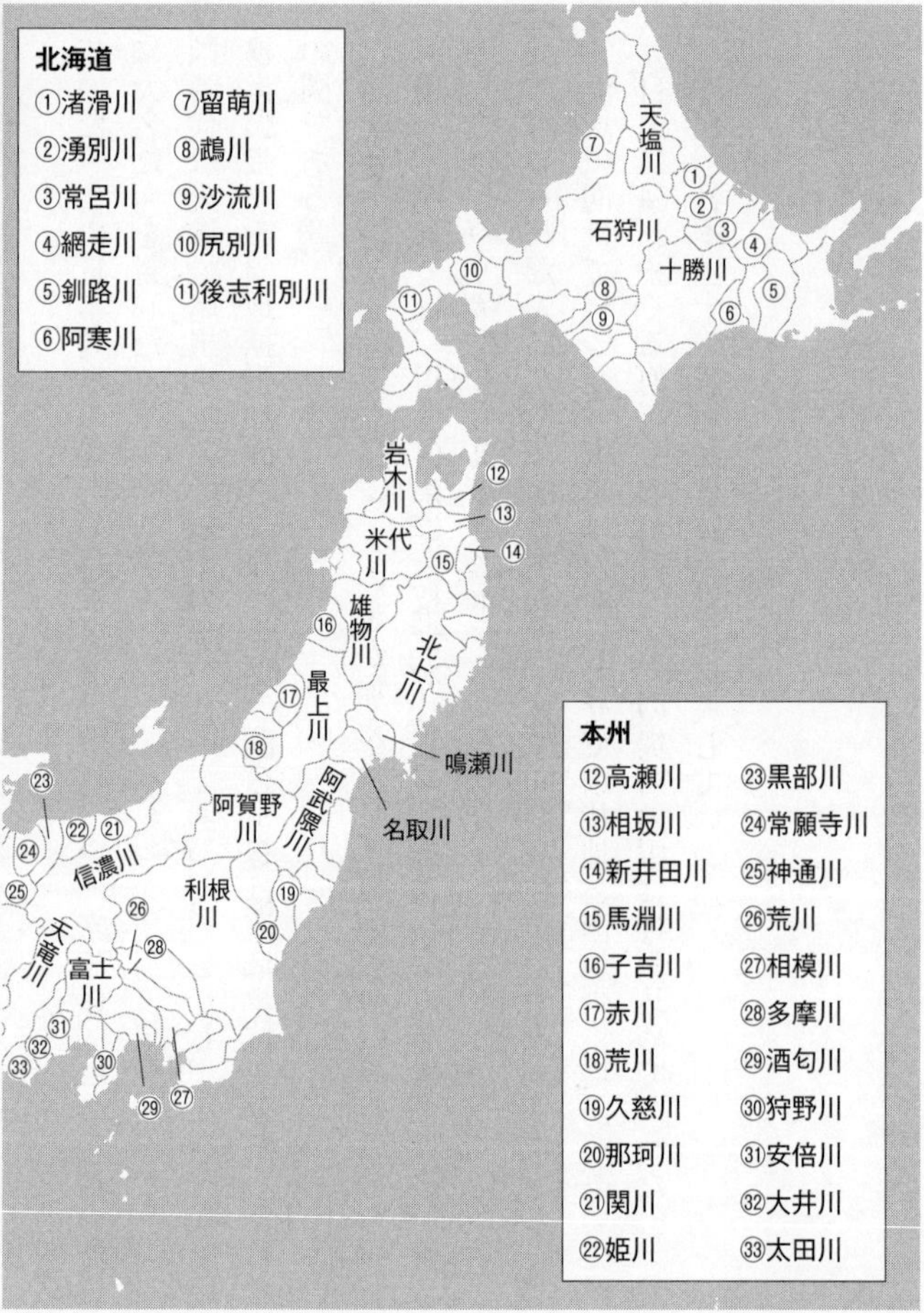
北海道
①渚滑川
②湧別川
③常呂川
④網走川
⑤釧路川
⑥阿寒川
⑦留萌川
⑧鵡川
⑨沙流川
⑩尻別川
⑪後志利別川
天塩川
石狩川
十勝川
岩木川
米代川
雄物川
北上川
最上川
鳴瀬川
阿武隈川
名取川
阿賀野川
信濃川
利根川
天竜川
富士川
本州
⑫高瀬川
⑬相坂川
⑭新井田川
⑮馬淵川
⑯子吉川
⑰赤川
⑱荒川
⑲久慈川
⑳那珂川
㉑関川
㉒姫川
㉓黒部川
㉔常願寺川
㉕神通川
㉖荒川
㉗相模川
㉘多摩川
㉙酒匂川
㉚狩野川
㉛安倍川
㉜大井川
㉝太田川

提供:国土交通省

図6-5　流域で分割される日本列島

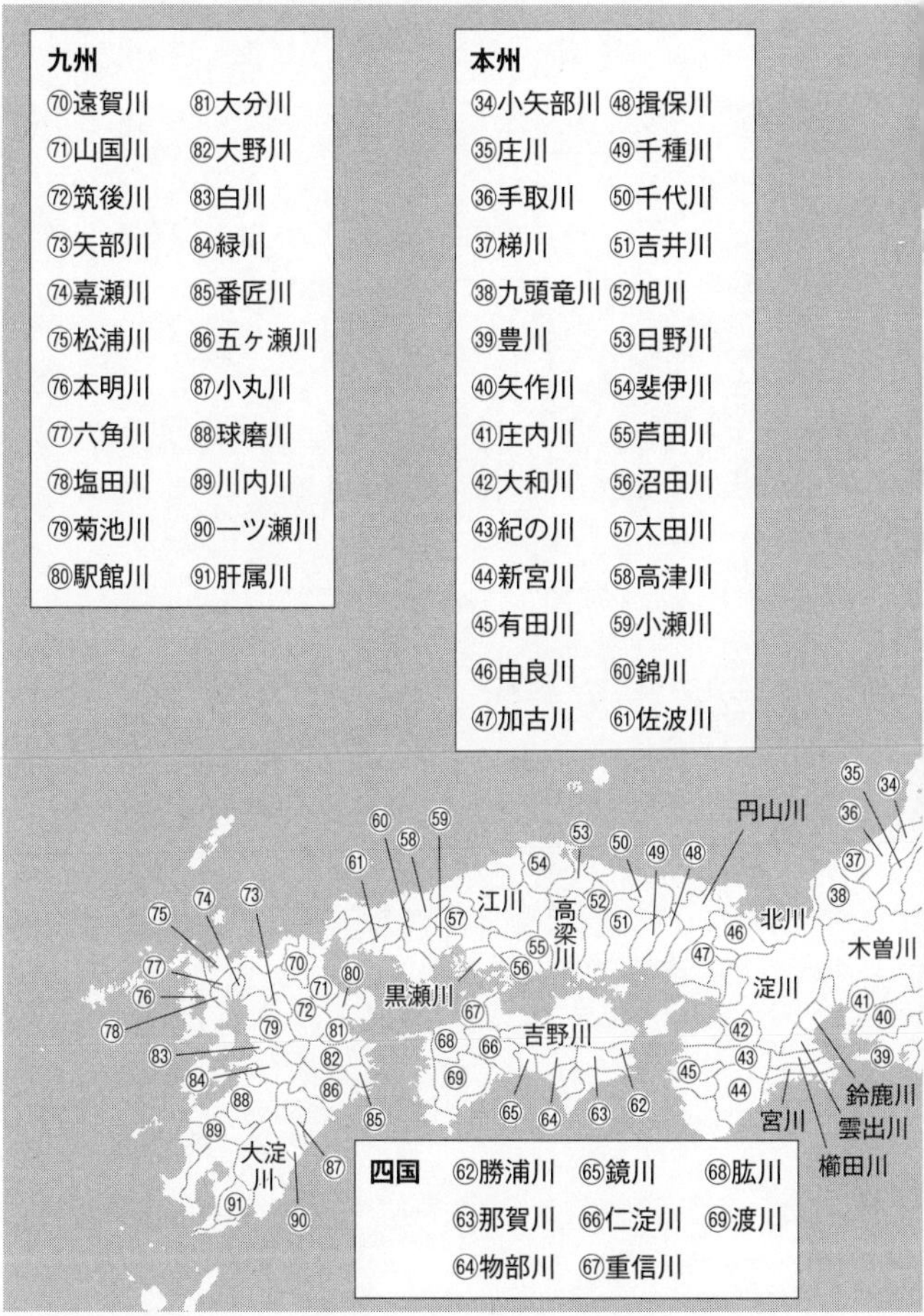
九州
⑦⓪遠賀川　⑧①大分川
⑦①山国川　⑧②大野川
⑦②筑後川　⑧③白川
⑦③矢部川　⑧④緑川
⑦④嘉瀬川　⑧⑤番匠川
⑦⑤松浦川　⑧⑥五ヶ瀬川
⑦⑥本明川　⑧⑦小丸川
⑦⑦六角川　⑧⑧球磨川
⑦⑧塩田川　⑧⑨川内川
⑦⑨菊池川　⑨⓪一ツ瀬川
⑧⓪駅館川　⑨①肝属川
本州
㉞小矢部川　㊽揖保川
㉟庄川　㊾千種川
㊱手取川　㊿千代川
㊲梯川　51吉井川
㊳九頭竜川　52旭川
㊴豊川　53日野川
㊵矢作川　54斐伊川
㊶庄内川　55芦田川
㊷大和川　56沼田川
㊸紀の川　57太田川
㊹新宮川　58高津川
㊺有田川　59小瀬川
㊻由良川　60錦川
㊼加古川　61佐波川
四国
62勝浦川　65鏡川　68肱川
63那賀川　66仁淀川　69渡川
64物部川　67重信川
円山川
江川
高梁川
北川
木曽川
黒瀬川
淀川
吉野川
鈴鹿川
宮川
雲出川
櫛田川
大淀川

第7章 なぜ中部地方でモノづくりがさかんになったのか

情報ととじこもり

日本人の特徴を一つ挙げろと言われたら「モノづくり」と答える。世界の中で日本のモノづくり好きは群を抜いている。日本のモノづくりは世界中に広まっていったが、日本の製造業の世界進出は欧米諸国の進出とは本質の部分で異なる。

先進国の途上国、新興国への製造業の進出は、安価な労働力を求めたためだと言われている。一方日本の企業は一味違っている。進出国でのモノづくりにおいて、その国の従業員の意見を聞きながら微修正を繰り返す。職場環境のことだけではない。製品製造に関しても、日本企業が示す仕様を一歩もはみ出すなというものではなく、現地から良い意見があれば企業サイドは受け入れていっている。この点が決定的に欧米諸国の企業と異なる点である。

製造技術の面で圧倒的に水準の高い企業技術者が、従業員の意見を聞きながら製造するなど欧米企業であるのだろうか。日本企業のモノづくりは何かが決定的に異なっている。

150年前、日本は欧米列国から近代技術産業を学んだ。やがて日本は欧米諸国とは異なったモノづくりの世界を展開しだした。日本のモノづくりの手法は謎である。謎を解くために日本人の精神や宗教観に入り込んでいくと迷宮入りになるのは目に見えている。日本社会の基礎をつくった地形と気象で解いていく。

◇――風になる気球

土木を職業に選び、建設省に入って転勤を繰り返した。2年から3年間隔で、全国各地で生活した。子供時代も含め生活した都府県を北から数えると、宮城、福島、新潟、栃木、埼玉、東京、神奈川、愛知、大阪、広島、そして生まれは熊本となる。もちろん出張で北海道や四国も何度も行っている。生涯、日本列島を歩き回っていた。

転勤族の私はあることに自信を持っている。それは、全国各地を相対的に比較して観察できることだ。

20年前に、渡良瀬遊水地で気球に乗ったことがある。その気球に乗って初めて知ったが、舞い上がった気球では風を全く感じない。それは当たり前だ。気球は風に乗っている。気球そのものが風になっている。自分たちが風になっているので、風を感じない。

風を感じ、気球が風で移動していることを知るのは、気球を回収するために車で追いかけている仲間たちだ。

気球に乗っている人は風になり、風を感じない。この気球と同じで、その土地で生きている人たちは、その歴史と文化と共に生きている。だから、自分たちの歴史と文化を意識しない。転勤族のよそ者だけが、その土地の歴史と文化を意識し、他の土地と比較して観察してしまう。

◇——中部の地形

名古屋には、30代前半に2年間、40代に2年半勤務した。中部地方の河川行政に携わったので、中部の各地を歩き回った。

その中部を表現すると、やはり中部は「モノづくり」である。

なぜ、中部はモノづくりなのか？　不思議なこの謎を長い間抱えていたが、50歳後半になってやっと頭の中が整理できた。

中部地方の南側は、急激に深くなる海が展開している。北側には険しい日本アルプスが連なっている。そのアルプスの山々の冬は雪深く、夏は南風を受けて多量の雨を降らせ、何本もの河川が一気に太平洋に流れ出ている。中部地方の平らな土地は、それら河川の河口の沖積平野に点在している。

中部の西には、京都・大阪がある。東には、東京がある。

中部は地形的には海とアルプスに挟まれ、社会的には関西と関東に挟まれた東西に長い土地である。

中部のモノづくりは、この地形と気象から生まれた。

◇関西と関東に挟まれて

関西は日本文明の発祥の地である。

大和盆地の奈良で日本の律令国家が誕生した。飛鳥、奈良時代を経て、都は京都へ遷都された。その後、家康が江戸幕府を開府するまでの約８００年間、京都は日本文明の中心だった。

１６０３年、家康が江戸に幕府を開府した。権威の朝廷は京都に残ったが、権力は江戸に移った。

19世紀末、江戸幕藩封建体制から近代国民国家への社会大変革があった。天皇家も東京へ移り、東京は名実ともに首都となった。

2000年の日本史の中心は二極あった。関西の大阪・京都と、関東の東京である。その二極は、それぞれが強烈な情報を発信し続けていた。

中部はその二極の情報源を結ぶ線上にあり、二極からの大量な情報量に影響を受けながら独特の文化を形成していった。

◇——情報の拠点、関西

古代より関西は日本史の大交流の交差点であった。

西の九州から東に向かって陸路を行くと、地形的に自然と京都に着いた。西から海路で東に行くと、大坂湾に着いた。穏やかなこの湾には北から淀川、西から大和川が流れ込み「河内《かわち》」と呼ばれた。大和川を小舟に乗り換え、遡ると奈良に着いた。淀川を遡ると京都についた。**図7-1**は、日本列島の古代の交流は全て京都に集まっていることを示している。

図7-1　情報は京都に集まる

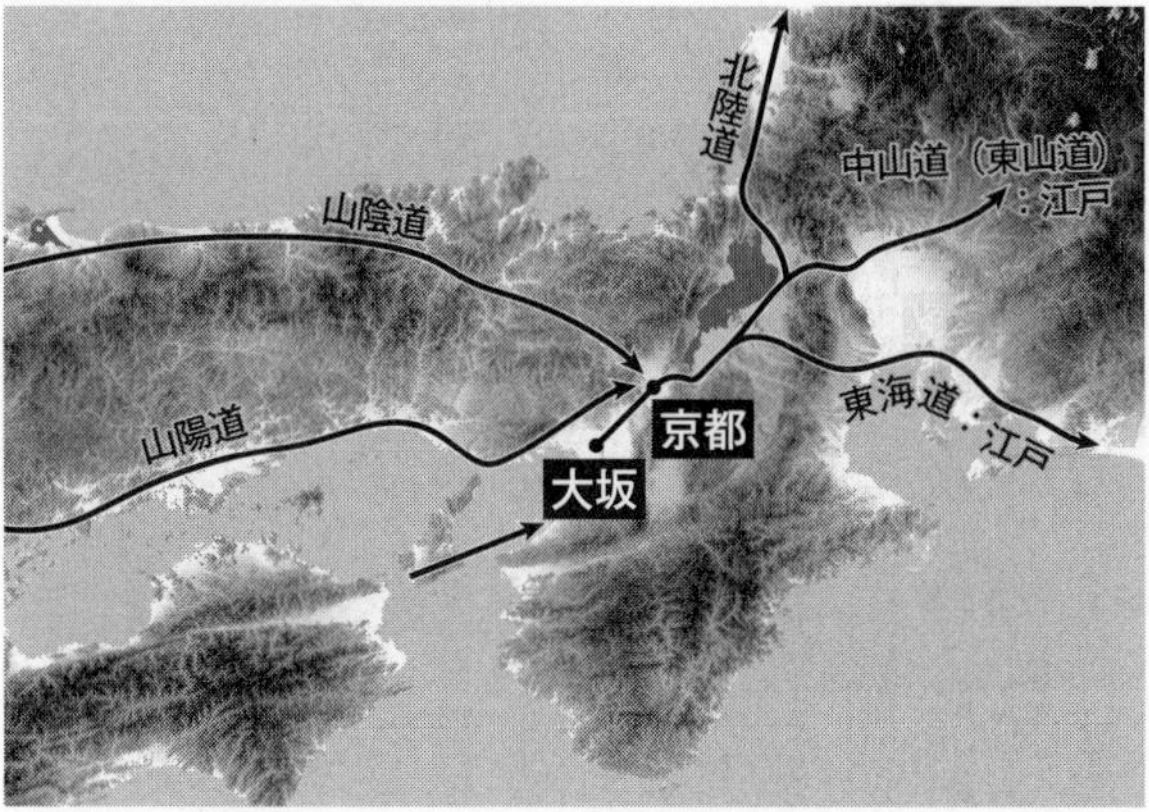

出典：国土地理院の地図を用いて竹村作図

西のユーラシア大陸から伝わってきた情報は全て関西に集まった。

京都から東に向かうと逢坂《おうさか》を越え、琵琶湖のほとりの大津に出た。大津から北に向かって北陸への古道、岐阜に向かって山岳の古道（後の中山道）、愛知から東へは東海道と水運が伸びていた。

関西に集まった情報はこれらの古道によって東へ伝わっていった。

◇──情報を集め、発信した江戸

家康が幕府を開く前、箱根を越えた東の江戸は関西から見れば桁外れの田舎であった。文明の中心地は情報を必要とす

図7-2　江戸時代、情報は中部を通った

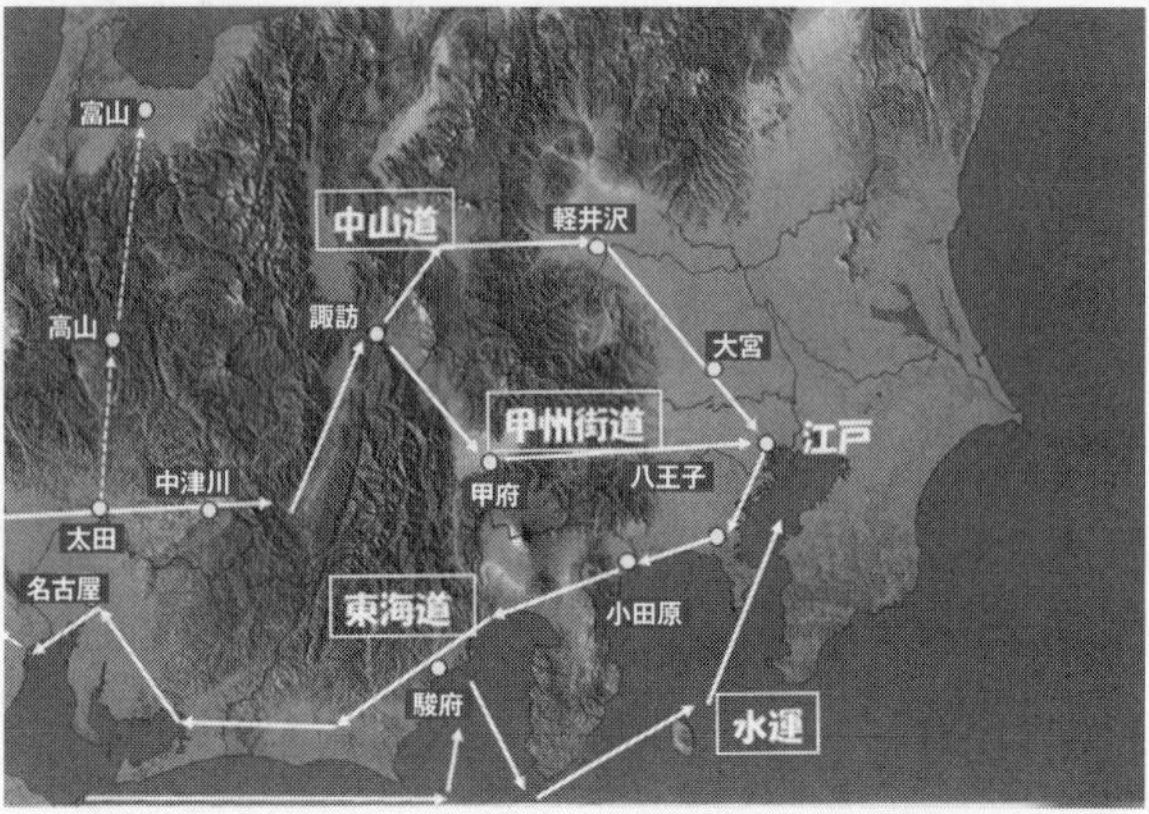

作図：国土地理院の図に竹村が加筆

る。その点から江戸は欠陥都市であった。

徳川家康はこの江戸の欠陥を認識していた。江戸開府早々から家康は京都と結ぶ街道整備に着手した。山岳ルートの中山道と太平洋沿岸ルートの東海道であった。**図7-2**が中部を通過する地図である。

江戸開府以来、各大名は徳川幕府への忠誠の証として、家族を江戸に住まわせた。2年に一度、大名たちは参勤交代で自領地と江戸を往復した。江戸の領主の家族や配下の元へ、様々な物産や工芸品が届けられた。

各藩の下屋敷は、江戸湾の街道沿いに

点在し、領地から届いた米や物産や工芸品を荷揚げし保管した。全国から江戸に届いた物は、江戸でミキサーのようにかき回された。そして、全国の工芸品や物産は、今度は他国に向かって流れ出て行った。

物は情報である。物という情報が江戸に流れ込み、江戸で交じり合い、さらに全国に発信されていった。

◇――街道の中部

中部は京都と江戸の中間にあった。

参勤交代は鉄道や車のように通過するだけではない。川が増水したり、山道が崩れたりすれば何日も宿の旅籠《はたご》に滞在することとなった。

何百人という参勤交代の参加者は、宿では暇を持て余し、街道の人々に様々な物や情報を得意になって披露した。西からの参勤交代は、ユーラシア大陸の珍しい産物を紹介した。江戸からの参勤交代は、江戸で入手した珍しい物産や新しい情報を披露した。

写真7-1　歌川広重「東海道五拾三次之内　江尻・三保遠望」

出典：ColBase（https://colbase.nich.go.jp/）

水運でも同様に、大量の船が中部を通過していた。江戸に向かう船は、各地の米や物産を積み込んでいた。江戸から帰る船室が空だと不安定になるので、江戸の瓦版や浮世絵など情報を目いっぱい積み込んでいた。船は夜になれば伊勢湾や静岡の港に停泊し港町は賑わった。

中部の山岳地帯と海岸に住んでいた人々は、全国各地の物と情報を居ながらにして入手できた。

広重も中部の港に多くの船が寄港している様を描いている（**写真7－1**）。

◇――閉じこもりの中部

街道の宿場と水運の港で、中部は寝ていても情報を得ることができた。日本列島でこのような地方は中部だけであった。しかし、中部は情報を得ただけではなかった。中部は豊富な情報をもとに、新しいモノづくりに向かっていった。

実は、中部はモノづくりの拠点を持っていた。モノづくりの拠点は、中部の山岳地帯であった。冬、深く雪に閉ざされてしまう山岳地帯こそ、モノづくりの拠点であった。

中部の背後には、岐阜、富山、長野に通じる日本アルプスが連なっている。春から秋にかけては、人々は中山道を行き来した。しかし、冬になるとこの山岳一帯は雪に埋もれた。

この一帯の山岳地帯の人々は、3～4カ月間も雪に閉じ込められてしまう。

世界の文明国で日本文明ほどの雪国はない。ヨーロッパでも寒さが厳しい土地はある。しかし、積雪で動けなくなる土地で高度な文明は育っていない。大陸では積雪の一時期、雪がない場所に馬車に乗って移動すればよい。

しかし、日本列島の山岳地帯では、積雪を避け他所へ簡単に移動などできない。その場に閉じ込もるしかなかった。

図7-3　積雪50cm以上の地域の人口密度

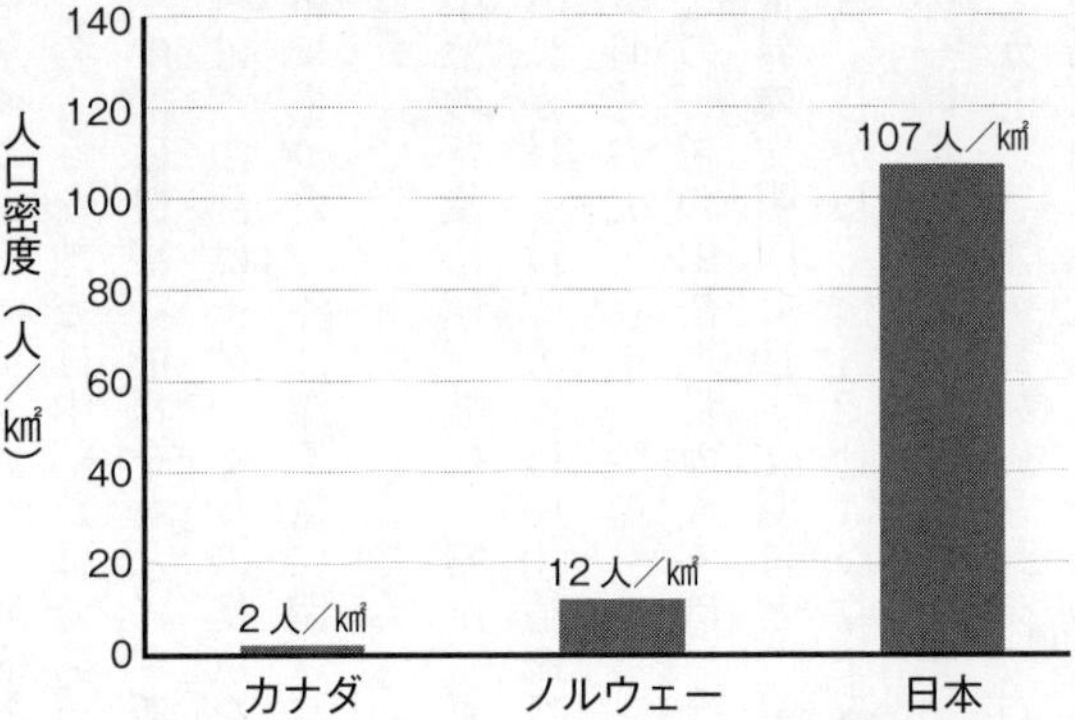

出典：国土交通省道路局

図7－3は、世界各地の積雪地帯に住みついている人口密度を示した。日本人は、世界の中で圧倒的に雪に閉じこもる人々であることがわかる。

閉じこもり、モノを作る人々

中部の雪に閉じこめられた人々は、何をしていたのか。毎日、酒ばかり飲んではいられない。

彼らは囲炉裏《いろり》の周りに集まった。余りある時間を使って木材を細工して、農耕具や家具を作っていた。細工が凝《こ》らされた農耕具は、沖積平野の濃尾や尾張や三河で評判が良かった。

中部山岳地帯には、中山道を通じて様々な情報が集まってきた。雪に閉じこめられ細工をする人々は、世界中からの情報と技術に触れることができた。

江戸時代、中山道を「時計」が通過していった。「時を刻む」機械とは想像を絶する情報であった。中山道の人々は、その仕掛けを根ほり葉ほり聞き出した。バネというモノがある。そのバネを絞り込む。バネをゆっくりリリースしていく。バネと連動している歯車が回る。歯車の組み合わせで、動きは針まで伝わり、針が動いて「時の文字」を示していく。

山岳の岐阜の人々は、以前から手動のカラクリ人形を作って楽しんでいた。時計の仕掛けを知った人々は、バネで動くカラクリ仕掛けに向かった。

バネはクジラの髭《ひげ》を使った。歯車は硬い木を細工した。バネと歯車を人形に組み込んでいった。人形が動き出した。動くカラクリ人形、ロボットの誕生であった。

細工をする人は一人ではなかった。数カ月の間、人々は囲炉裏の周辺で知恵を出し合った。全員で工夫を凝らし合い、人々を驚かせる動くカラクリ人形を作った。

春になると、人々は街に出てその人形の出来栄えを競い合った。**写真7-2**では、春の高山祭で新しいカラクリ人形が踊っている。

写真7-2　カラクリ人形が舞う高山祭　4月

写真：notamatsu/PIXTA（ピクスタ）

農繁期になると山の人々は忙しくなる。もう人形作りなどやっていられない。山岳で作られた農耕具や家具と一緒に、カラクリ人形は尾張や三河へ下っていった。

雪に閉じこめられた人々が作った細工技術は、中部地方一帯の人々の共通の財産となっていった。

◇――日本の近代産業は世界産業へ

江戸から明治になった。日本国の最優先課題が近代工業化であった。

中部のカラクリ人形で使われた歯車を、豊田自動織機の創業者、豊田佐吉も

写真7-3　カラクリ人形の機巧部分(上)と、豊田佐吉が試作した木製歯車(下)

写真提供:トヨタ産業技術記念館。カラクリ人形の写真はトヨタコレクション

用いた。

豊田佐吉が発明した初期の機械には木製の歯車が使われた。豊田佐吉の技術が、日本近代化の繊維産業を牽引した。

写真7－3は、カラクリ人形の機巧部分と、豊田佐吉が試作した木製歯車である。

豊田佐吉のモノづくりの延長に、世界に冠たるトヨタが中部で生まれた。ホンダ、スズキ自動車も生まれた。三菱自動車、三菱重工部門も中部に拠点を置いていった。

長野の諏訪《すわ》地方は精密産業のメッカとなり、静岡県の浜松では様々な先端技術が生まれていった。

私は、豊田佐吉は中部のものづくりの伝統を受け継いだ存在と考えている。

◇――技術を全員で共有するという伝統

これが「モノづくり中部」の地形と気象から見た物語である。

しかし、この中部にはまだ特記する事項がある。

中部の人々は異常に習い事が好きだ。中部の人々は、技術をすぐ標準化やマニュアル化して多くの人々の共有物にしてしまう。これは雪の中で囲炉裏の周りに集まってモノづくりの知恵を共有化してきた伝統なのだ。

全員参加のモノづくりの手法は効率的で、日本全体のモノづくりの手法となっていった。こうしてこの日本のモノづくりの手法と習慣は、全世界にまで広がっている。

欧米の途上国への工場進出は、決められたマニュアルのみに従って工場が動いていく。それに対して、日本企業の工場では、製造仕様は従業員の意見を取り入れ、柔軟に変化し適応進化していく。

皆の知恵を出し合うモノづくりの日本文化は、雪の深い岐阜の囲炉裏で誕生していった。明治の近代以降、そのモノづくりの手法は日本列島の全域に広がっていった。さらには第二次世界大戦後の日本のモノづくりは全世界の発展途上国に進出していき、今では各地の人々のモノづくりにまで昇華している。

中国、台湾、インドネシア、マレーシア、インド、そして太平洋を越えた南アメリカ大陸諸国が工業国家として発展していき、日本を追い越そうとしている。国土が広く、資源が潤沢で、若い人が生まれていく国々が、日本を追い越すのは当然なのであろう。

日本が追い越されることを悲しむ必要はない。人口が減少していく日本は日本列島の中で未来にそなえて、世界と連携し、自立したエネルギー最少の文明の構築をめざせばよい。

未来社会で、日本が近代で進んできた方向とは異なった世界の最先端を進んでいくことが、日本の羅針盤となる。

第8章

「赤穂浪士の討ち入り」謎解き完結編

地形が示す動かぬ証拠

幼いころの年末・年始の一番の思い出は忠臣蔵である。お年玉をもらうと必ず映画を観に行った。日本映画全盛期でカラーの映画が〝総天然色！〟と宣伝されていたころだ。オールスター勢揃いの1年間で最大の映画で、〝終〟が画面に出るころには、赤穂浪士たちの健気さと勇気に涙していた。

30～40歳代は仕事に夢中だったが、50歳になったころ、忠臣蔵の不自然さが気になってきた。きっかけは鬼平犯科帳や雲霧仁左衛門で有名な池波正太郎の時代小説であった。池波小説によると、江戸城と市中の治安装置は万全であった。

江戸城に接する山手の麹町《こうじまち》には旗本屋敷が配置されていた。江戸城外堀の南の下町では、八丁堀で同心や岡っ引きたちが目を光らせていた。さらに、江戸市中の主だった店屋の親父は、怪しい人物がいたらお上に通報する密偵でもあった。

厳重な警備体制が布《し》かれていた江戸で、47名もの不逞《ふてい》の輩《やから》が鉄面、鎖帷子《くさりかたびら》で身を固め、槍、弓矢の完全武装で吉良邸に討ち入りし、吉良上野介《こうずけのすけ》の首をとり、泉岳寺《せんがくじ》まで堂々と行進している。これほど不自然なことはない。

半蔵門から始まり麹町、吉良邸、泉岳寺そして高輪《たかなわ》の大木戸などの地形や環境に基づいて、忠臣蔵の謎を解き明かしてきたが、それらは全て仮説であった。しかし今回、やっと忠臣蔵の謎の解の尻尾を、実体として摑むことができた。

「赤穂浪士」を書くきっかけは「半蔵門とは何か?」であった。「江戸城の正門は半蔵門」と主張したため、赤穂浪士討ち入りの思わぬ謎に入り込んでしまった(『日本史の謎は「地形」で解ける』参照のこと)。

地形から見ていると、赤穂浪士の吉良邸討ち入りの物語「忠臣蔵」は、伝わっているものとは全く異なった色彩に反転してしまう。

◇――吉良家の移転

「忠臣蔵」の物語には、次から次へと不思議なことが出てくる。

大石内蔵助らが京都で討ち入り会議を開いていたころ、討ち入りの成否にとって決定的な出来事が江戸で発生していた。吉良上野介邸の移転であった。

松の廊下の刃傷《にんじょう》沙汰が起きたとき、吉良邸は今の東京駅八重洲《やえす》口の呉服橋門《ごふくばしもん》にあった。当時、東京駅八重洲口の前の外堀通りはまさに堀であった。外堀から江戸城側が郭内であり、吉良邸はその郭内にあった。**写真8-1**は外堀通りを埋め立てる前、外堀通りと江戸城郭内がわかる東京駅の絵葉書である。

写真8-1　東京駅

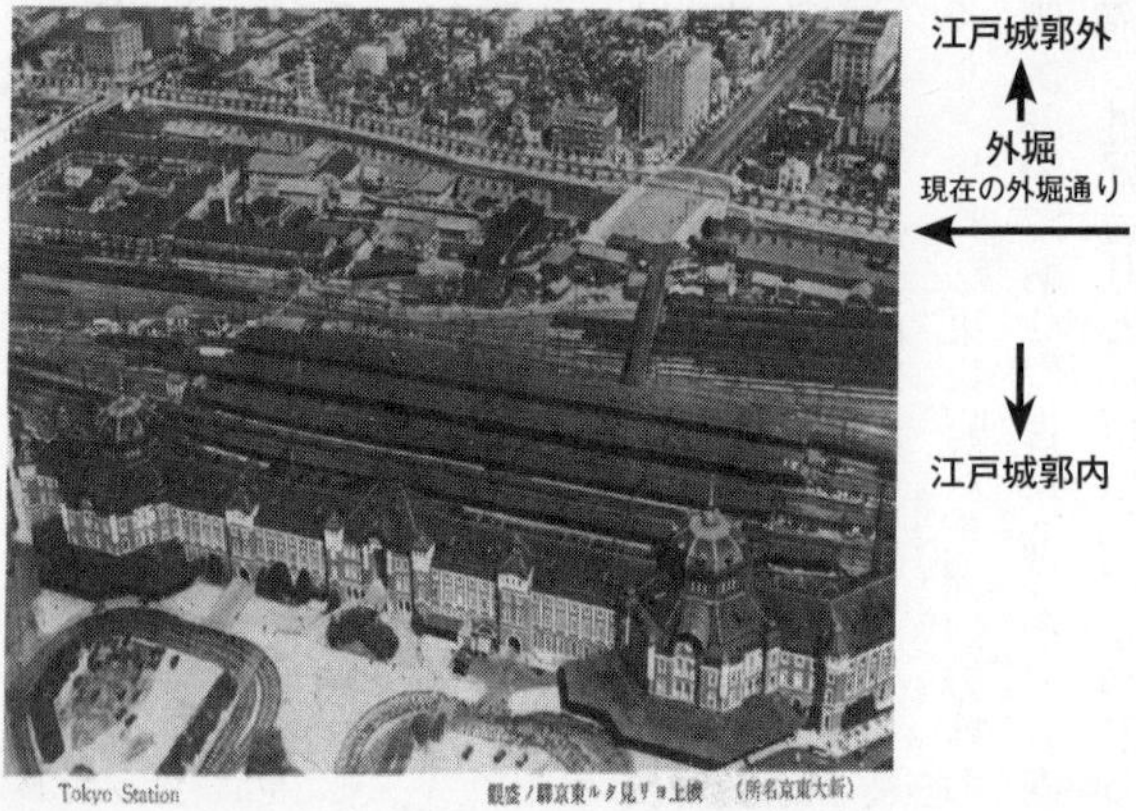

足利将軍の代理を務めるほど格式が高かった高家《こうけ》の吉良上野介が、江戸城郭内に屋敷を構えたのは当然であった。その吉良邸が本所《ほんじょ》へ移転した。刃傷沙汰で高家職を辞したといっても、これは途方もない引っ越しであった。

両国橋は明暦の大火の後1661年に建造された。両国橋は二つの国、江戸の武蔵国と千葉の下総《しもうさ》国を結ぶ橋である。両国橋を渡るとそこは江戸ではなく、下総という田舎の国だった。

現代の私たちは、広重の浮世絵を通じて両国橋周辺の賑わいを知っている。しかし、注意すべきは、その賑わいは両国橋が建造されてから200年後の姿であること

図8-1　江戸古地図

両国橋建造以降、隅田川の東が発達していった

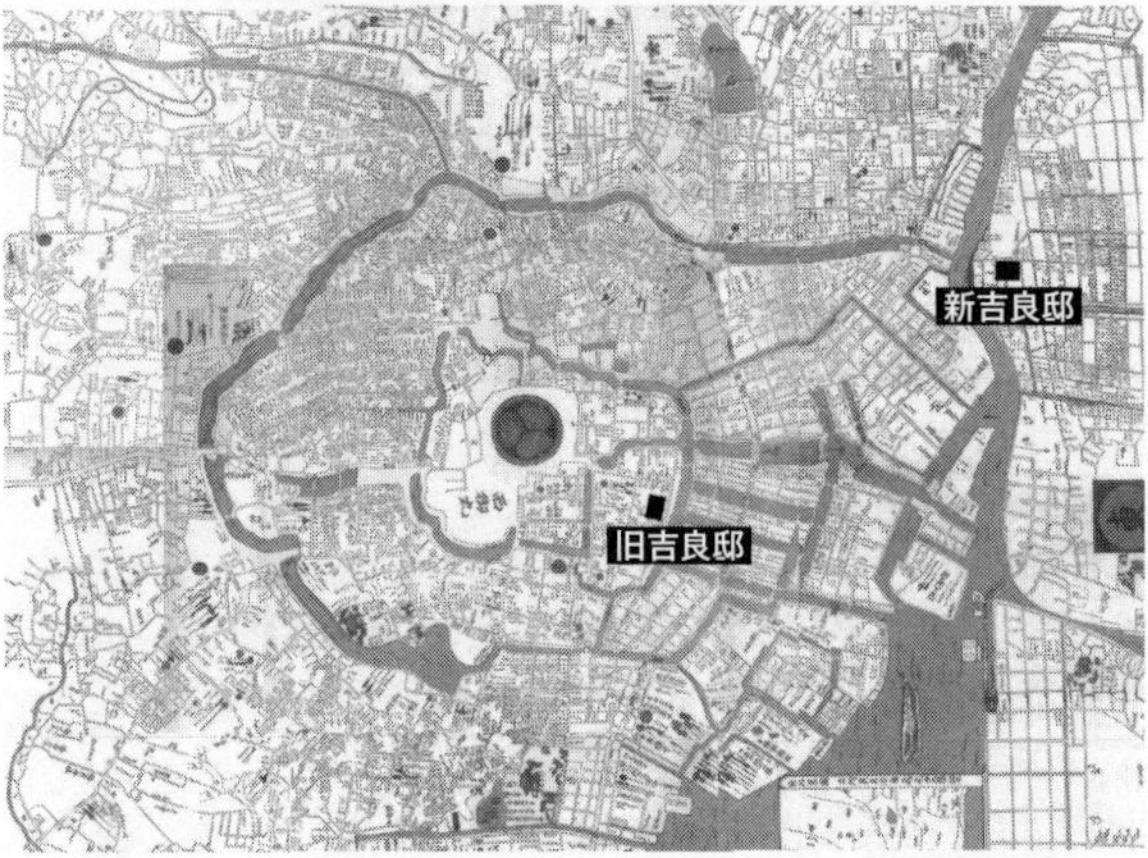

だ。吉良邸が移転したときはいくらか住宅が建っていたが、一帯は隅田川の船着場であり、川向こうの本所は御竹蔵、御米蔵や御船蔵などの倉庫群が連なっていた。さらに、空地はいくらもあったので明暦大火災の無縁仏を弔《とむら》う回向院《えこういん》も建設された。

図8-1は江戸古地図である。両国橋が架けられた隅田川の川向こうの本所一帯は、下総の田舎の寂しい場所で、水はけが悪いジメジメする土地だったことが想像できる。

吉良上野介はその本所へ移転させられた。

◇――幕府が討ち入りの舞台を整えた

吉良邸が隅田川の川向こうに移転しなかったら、赤穂浪士の討ち入りはなかったと断言できる。江戸城郭内の旧吉良邸の近くには北町奉行所があった。1604年に設置された北町奉行は、司法、行政、裁判所、検察、警察、刑務所、消防などを司る強力な武装機構である。

さらに呉服橋門から八丁堀にかけては町奉行所の与力、同心の住居屋敷が建ち並んでいた。その数は幕末には約7000人余といわれ、この一帯は治安警備関係者の根城となっていた。

赤穂浪士がいくら準備しても、江戸城郭内への討ち入りはできない。江戸幕府は面目にかけても許さない。しかし、隅田川の川向こうは薄暗くて人目がない。吉良邸移転は、赤穂浪士に「さあ討ち入ってくれ」といわんばかりであった。

当時、大名や幕臣の邸宅移転は幕府の指示で行われた。高家だった吉良上野介を、寂しい湿地帯の本所へ移転させたのは江戸幕府である。江戸幕府は、吉良邸を移転させたというより、江戸城内から放逐した。

江戸幕府が赤穂浪士討ち入りの舞台を整えた。江戸古地図がそれを示している。

◇――大木戸を通り抜ける行進

討ち入り当日の江戸幕府の挙動は怪しい。

討ち入りで吉良上野介の首を取った赤穂浪士47人は、本所から泉岳寺に向かって行進した。

江戸市内の町境の要所や橋には木戸があった。木戸の脇には木戸番があり、夜は木戸の扉は閉じられていた。特に重要な木戸は東海道にあった高輪の大木戸である。**写真8－2**は第一京浜（旧東海道）に残っている高輪大木戸跡である。がっしりした石垣の高輪大木戸跡を見ていると、江戸への警戒厳重な関門だったことがわかる。

元禄15年（1702年）12月14日の雪の早朝、血だらけの赤穂の浪士たちは、この大木戸を平然と通り抜けた。本来なら通行をとがめられるところだが、そのよう

写真8-2　高輪大木戸跡

写真：Caito/PIXTA（ピクスタ）

なことは伝わっていない。徳川幕府の「見て見ぬ振りをせよ」という指令は、末端の役人にまで行き渡っていたと考えられる。

さらに驚くべきことがあった。泉岳寺である。

◇――家康が、泉岳寺を創建した

赤穂浪士の取材で泉岳寺には何度も行った。しかし、泉岳寺の門前の立札の内容の重要性に1年ほど気が付かなかった。**写真8-3**がその立札である。ある時、二行目の「徳川家康公の創立」に目が釘付けになった。

写真8-3　泉岳寺の立て札

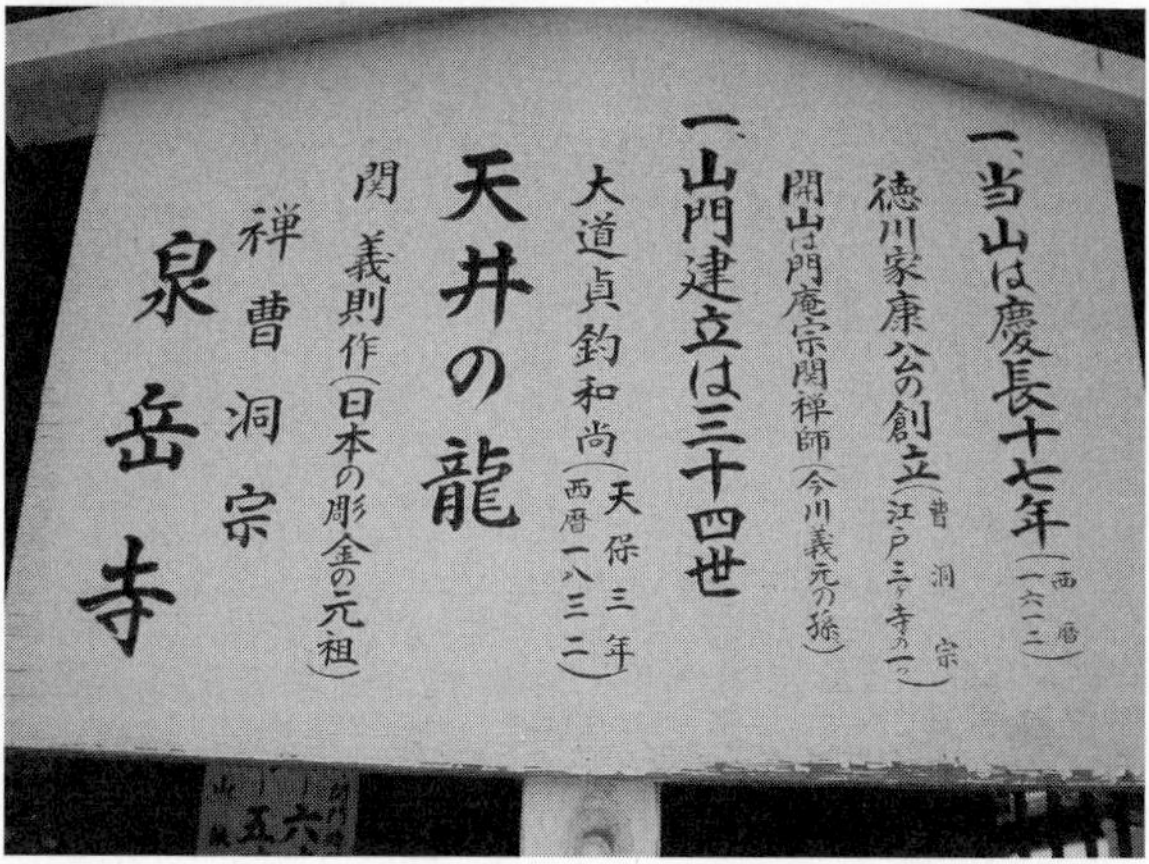

2006年　撮影：竹村

家康が泉岳寺を創建した！　四十七士が祀られている寺は、家康が創建した寺であった。信じがたい事実だった。

　四十七士の討ち入りは、徳川幕府の威信を損ない、天下の平穏を乱した。そのため、四十七士は取り調べの後、全員切腹させられ、その日のうちに埋葬された。当時、四十七士は間違いなく重大犯罪者たちであった。その犯罪者たちが事件後に集合して、そして埋葬された寺が家康創建の徳川幕府にとって極めて重要な寺であったという。

　泉岳寺の僧侶とお会いして事情をお聞きした。話の内容は「１６１２年、泉岳寺は家康公によって創建された。幼少のころに預けられた今川義元を弔うため創建した。1641年の寛永の大火事で焼けて、家光公がこの高輪に再建した」ということであった。

家康の創建した泉岳寺は大火後、家光が再建した。徳川家にとってそれほど大切な寺であった。家光の命令で普請に当たった5大名が、毛利、浅野、丹羽《にわ》、朽木《くつき》、水谷《みずのや》家であった。その縁で、泉岳寺が浅野家の江戸での菩提寺《ぼだいじ》になった。家康が葬られている寺や、家康に縁《ゆかり》のある寺は数多い。江戸や出身地の岡崎や静岡には、家康が祀られた寺は数ある。しかし、家康が創建した寺など他にあるのだろうか。

徳川家にとってそれほど大切な泉岳寺に、犯罪者の赤穂浪士が埋葬された。それも一人二人ではない。四十七人の不逞《ふてい》の輩《やから》が、江戸市内では貴重な敷地の泉岳寺を大きく占めてしまった。浅野家の江戸での菩提寺だったから、では説明にならない。徳川幕府の許可、いや徳川幕府の積極的な意向がなければ、四十七士がまとまって泉岳寺に埋葬されることなどありえない。

◇――高輪大木戸と品川宿に挟まれた泉岳寺

泉岳寺の前の坂を下りると、第一京浜に出る。その地点で左を向くと、高輪の大木戸が目に入る。右に顔を向けると品川駅の歩道橋が見える。泉岳寺は、高輪大木戸と品川宿に挟まれている。

四十七士の泉岳寺への埋葬は、徳川幕府の許可のもとに行われた。赤穂浪士の討ち入りを「忠義の物語」として仕上げるためである。主君の浅野内匠頭《たくみのかみ》と同じ泉岳寺に埋葬することで、四十七士の忠義が浮き彫りにされていく。

品川宿は旅立つ人々の最初の宿であり、江戸入りする旅人の最後の宿である。東海道を旅する全ての旅人が、品川宿と高輪大木戸の間を歩いていく。街道に沿って茶屋や土産物屋が出店し、春は花見、夏は磯遊び、秋は月見で、江戸有数の賑わいの場所であった。

その賑わいは**写真8‐4**の江戸名所図会《ずえ》の高輪大木戸で伝わってくる。

この賑わいの高輪大木戸と品川宿の間に、泉岳寺が門を開けて待っていた。

写真8-4　「江戸名所図会」高輪大木戸

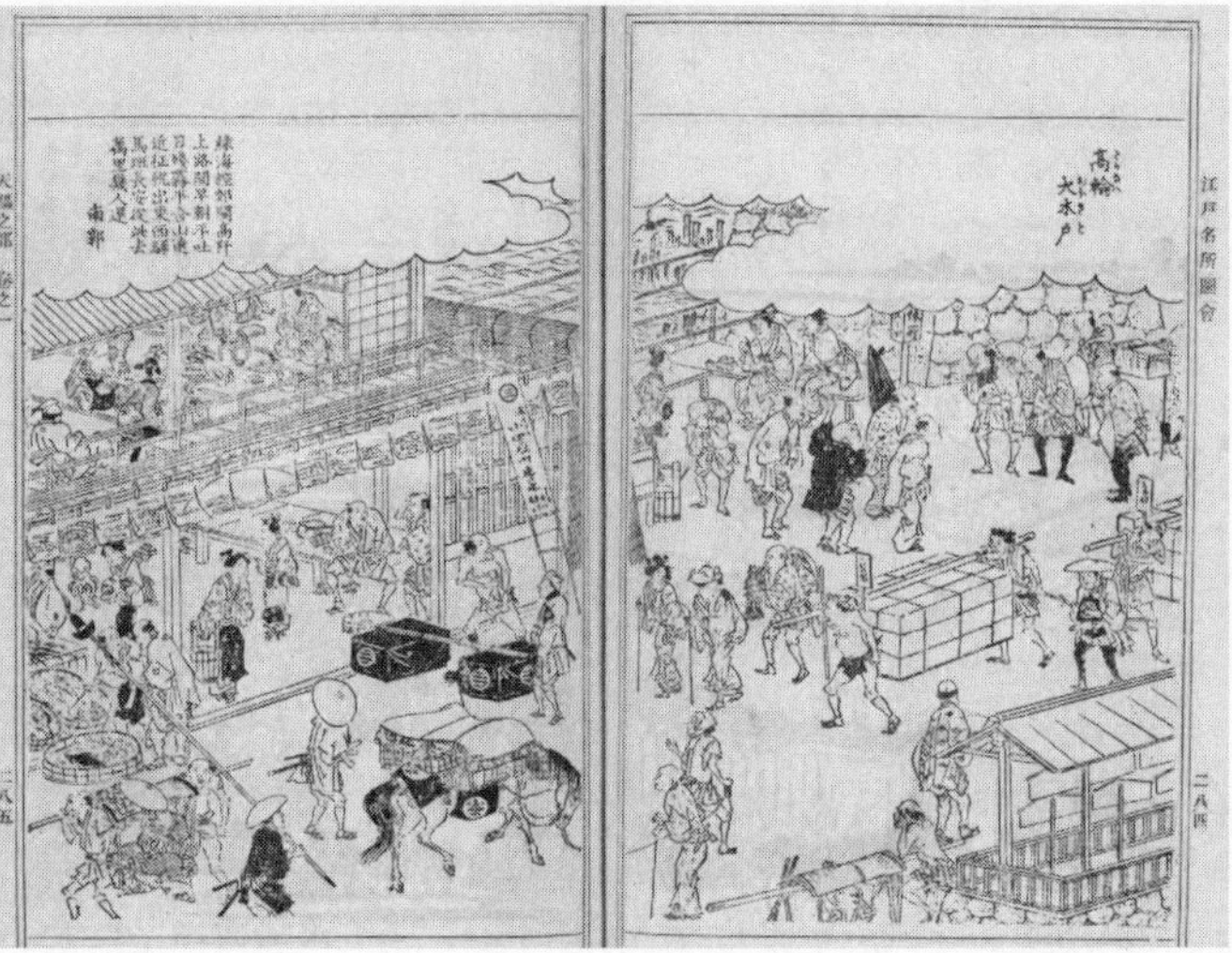

出典：国立国会図書館デジタルコレクション

❖高輪大木戸の移動

実は、高輪大木戸は今の「札の辻」交差点の芝口にあった。1710年、「札の辻」から現在の「高輪」に移設された。**図8-2**が、札の辻から品川宿へかけての略図である。

江戸幕府は赤穂浪士の討ち入り後に、「札の辻」にあった大木戸をわざわざ泉岳寺の直近に持ってきた。

江戸の発展がそうさせた、という説明がある。しかし、江戸

図8-2　高輪の大木戸と品川宿

古地図を見ればわかるが、三田の東海道周辺は大名の外屋敷地域である。その東海道筋で大木戸が、簡単に移転されたりはしない。四谷、板橋の大木戸が、江戸の拡大で移転したこともない。やはり、この高輪大木戸の移転は普通ではない。

大木戸移転も徳川幕府の仕掛けと考えると納得がいく。

大木戸が「札の辻」にあったときには、早朝、品川宿を出て江戸に向かう旅人たちは、泉岳寺を横目で見るが大木戸はまだ見えない。つい泉岳寺を通り過ぎて、先を急いでしまう。

江戸から出る旅人も同様だ。札の辻大木戸を通り抜けても、品川宿は見えない。泉岳寺を横目で見ながら、酒と女郎が待っている品川宿に急いでしまう。

大木戸が泉岳寺の直近の「高輪」にあれば、江戸に入る旅人は大木戸の手前で滞留して、江戸の最初の名所の泉岳寺に吸い込まれていく。

江戸から出る旅人も、高輪大木戸を抜け、品川宿が見えればホッとして足を緩める。その場所に、泉岳寺の総門が扉を開いている。まるで泉岳寺に入れ、といわんばかりであった。人々は泉岳寺に入り、赤穂浪士たちに手を合わせて旅の無事も祈る。そして、旅の先々で赤穂浪士の討ち入りを見てきたように語った。各地の人々は涙を流して耳を傾けた。

大木戸の「札の辻」から「高輪」への移転という仕掛けによって、「忠臣の精神」が津々浦々の日本人の心の中に染み込んでいった。

◇──忠臣蔵の最終幕

「忠臣蔵」は日本人が大好きな劇である。しかし、忠臣蔵は謎に包まれた劇でもある。第一幕の松の廊下の刃傷劇の原因がわかっていない。多くの歴史家や作家がこの謎に取り組んでいる。しかし、それらを実証する具体的なものはない。忠臣蔵という劇は、第一幕があいまいなまま進んでいく不思議な劇である。

そして、最終幕も釈然としない。

最終幕は四十七士の切腹の場面である。観客もこの場面を見終わると、涙を流しながら席を立ってしまう。しかし、観客が席を立ち去り誰も観ていない舞台で、最終幕がもう一幕、密かに繰り広げられているのだ。

忠臣蔵の最終幕の演題は「吉良家の滅亡」である。

吉良上野介は赤穂浪士によって討ち取られたが、吉良家の悲劇はここで終わらなかった。吉良家の悲劇はこれから始まった。『吉良上野介を弁護する』（岳真也、文春新書）が詳しい。

吉良上野介の実子で上杉家を継いだ綱憲《つなのり》は、父を救えなかったことを悔やみ1年後に悶死する。上野介夫人の富子は、息子の死後2カ月後にあとを追うように病死してしまう。

さらに、実孫で養嫡男の吉良左兵衛は討ち入りの夜、深傷を受け気絶するまで赤穂浪士と戦った。しかし、徳川幕府は「父、上野介を守らなかった！」という言いがかりをつけ、吉良家領地を没収してしまう。吉良左兵衛は信州へ流罪となり、厳しい環境での幽閉で病に犯され3年後には息を引きとってしまう。吉良上野介の血筋は完全に絶えてしまう。

忠臣蔵の舞台は撤去され、劇は終了する。

刃傷沙汰を起こした赤穂浅野家はお家取りつぶしになり、浅野内匠頭の弟の浅野長広は広島浅野宗家にお預けになる。

芝居が終了し、舞台が撤去された。ところが、舞台が撤去された数年後に重大な仕掛けが行われた。

◇──千葉房総半島の先端

　２０２１年秋、仕事の関係で房総半島に行った。現場視察を終え昼過ぎになり、館山《たてやま》の海辺の食堂に向かった。食事中、同行仲間が「アワ神社に行きたいんですが」と言った。何かの聞き間違えかと思い「アワ神社？」と聞き返した。四国徳島の出身の彼は「そうです、アワ神社です」と繰り返した。

　なぜ四国の阿波神社が房総半島にと腑《ふ》に落ちなかったが、神社と聞いたら断れない。神社は館山市の小高い丘の上に建っていた。看板には「安房神社」とあった。落ち着いた立派な神社であった。

　神社の説明版では、大昔、徳島の阿波の人々が開拓した土地だという。安房神社は大神宮で、官幣大社《かんぺいたいしゃ》で由緒ある神社であった。お守りを購入して帰路についた。その間、ずーっとモヤモヤした思いに包まれていた。何かが私に訴えていた。

　この房総半島の最先端の地理的重要性は大きい。日本史を左右する重要な地点であった。その地点に安房神社があった。

◇――日本列島の東西の結節点

古代から房総半島は西日本と東日本を結ぶ要であった。房総半島には大河川がないため干潟が少なく岩場海岸で座礁《ざしょう》の恐れがない。船が接岸しやすい良港が多くあり、船で西から来た人々は、房総半島の館山や小湊《こみなと》で上陸した。

房総半島の南が上総《かずさ》と呼ばれ「上」が付くのは、京都から東北へ行く玄関口だったからだ。図8-3で、房総半島が東西交流の交差点であり交流の要であることを示した。

図8-3　房総半島は東西交流の要

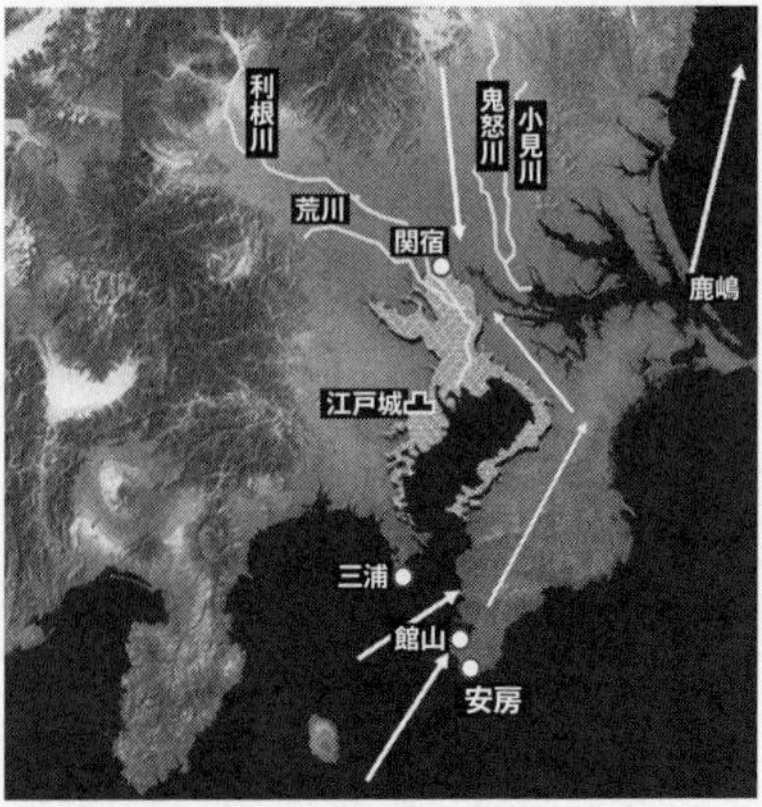

提供：(一財)日本地図センター　作図：竹村・後藤

房総半島の先端の「安房」の歴史は古

い。安房神社周辺では弥生、縄文遺跡どころか旧石器時代の遺跡が発掘されている。

安房が重要だった理由は海流にある。房総半島の銚子で南からの黒潮（日本海流）と北からの親潮（千島海流）がぶつかる。その潮流はぶつかった後太平洋に流れ出してしまう。**図8-4**で海流を示した。

図8-4　日本の海流

出典：海ごみドットコム

この海流を乗り越えるのは危険であった。間違えば太平洋に押し出されてしまう。高知の漁師のジョン万次郎が太平洋に流されたのもこの日本海流であった。

古代より、海路で西から来た人々は房総半島で上陸した。上陸して関宿から栃木、福島に向かった。ある人々は霞ヶ浦、鹿嶋から再び海路で東北に向かった。

◇――江戸湾制海権の要

1603年、江戸で開府した徳川家康にとって江戸湾の制海権は江戸存続の絶対条件であった。敵が江戸湾を制すれば、物資の出入りが止まり江戸は危機に陥る。江戸湾入口の三浦と安房は古代より重要な役目を果たしている。温暖な黒潮に面していて、2万年前の氷河期からの遺跡も出土している。源頼朝が関東で決起したときには、三浦氏と千葉氏が頼朝を支えた。江戸時代には三浦、安房共に幕府が直接支配する幕府領・旗本領となった。

特に、安房国は太平洋に突き出ているため、侵入してくる船を監視する重要な畔《ほとり》であった。外国船がチラつく1700年代以降は4代続いて松平家が安房守となり、幕末は勝海舟が安房守となっている。**図8-4**で江戸湾にとって安房の重要性が理解できる。

1709年、赤穂事件の際の将軍徳川綱吉が死去した。綱吉死去の大赦で、翌年、広島に封じられていた浅野長広は旗本として復した。所領は安房国の平郡《へいぐん》・朝《あさ》夷郡《いぐん》であった。赤穂浅野家が「アワ」で復権した、とはどこかで耳にしたことはあった。しかし、それは四国徳島の「アワ」だと思い込んでいた。江戸湾の防御にとって最重要である「安房国」での復権とは想像もできなかった。

浅野長広の所領の安房国の平郡・朝夷郡は江戸湾に面している。いつでも海に出撃できる港を持つ安房国の中心の地であった。**写真8-5**は広重が描いた、太平洋に面している安房の小湊内浦である。

写真8-5　歌川広重「六十余州名所図会」安房・小湊内浦

出典：国立国会図書館デジタルコレクション

江戸幕府と赤穂浅野家は心から信頼し合う盟友であったのだ。赤穂浅野家は激動の幕末のハリス、ペリーの黒船来航を見張った。幕末の徳川慶喜の船の出入りを見守った。倒幕、佐幕の入り乱れた船の出入りを見張った。この重責を負った浅野家は、明治になって明治天皇から褒賞を受けたほどであった。

私は赤穂事件を地形から見直した。

江戸城の半蔵門。半蔵門を守る麴町。吉良邸の隅田川の対岸への移転。浪士たちの泉岳寺への集合。切腹後の泉岳寺での埋葬。高輪大木戸の移設。

地形からの積み上げで「江戸幕府が赤穂事件を裏で企てた」と仮説を立てた。それらは全て仮説であった。

遂に、江戸幕府と赤穂浅野家の密接な関係を示す動かぬ証拠を摑んだ。江戸幕府は、復した赤穂浅野家をさすがに江戸城内には入れられなかった。しかし日本を欧米列国から守るための急所である江戸幕府直轄の安房に配置したのだ。

江戸幕府は赤穂浅野家を心から信頼していた。浅野四十七士たちの討ち入りを裏で企て、シナリオを書いたのは江戸幕府であった。私の仮説は事実となった。

第9章

国土を造った「流域」は、なぜ崩壊し、なぜ再生するのか

日本の治水４００年史

日本の近代化は明治5年に蒸気機関車の汽笛で開始された。近代化によって都市に人口が集中した結果日本は国民国家となり、河川流域単位の共同体を失った。江戸時代、全国全ての流域で、農村共同体が形成されていた。地形に応じて自然な形で、流域ごとに特徴ある歴史と文化を育んでいった。人々は同じ歴史と文化を共有する故郷の一員として人生を過ごした。

明治以降、各共同体の長男を除く次男坊、三男坊らは流域を横に貫く蒸気機関車に飛び乗って都市に向かった。人口が都市に集中し、都市は経済効率を高め、日本はあっという間に先進国となっていった。

現在、農村共同体を去り都市部に生きる日本人は、都市部の定義にもよるが90%に達している。都市では一時的な共同体はあるが、確たる人生の共同体はない。日本人は経済性を求める国内グローバリストとなっていた。

前述したが、今、世界規模でグローバリストと反グローバリストとのコンフリクトが発生している。グローバリストは国を滅ぼしかねないほど強力だ。

私たちはどうしたらよいのか？　地形の視点から見れば、その答えは流域共同体への回帰である。日本人は幸せだ。何しろ豊かな山と河が待っていてくれる。

ふと、「国破れて山河あり」という言葉が浮かんできた。

◇──江戸の流域封建制度

1600年、関ヶ原の戦いで勝利した徳川家康は江戸に幕府を開いた。家康は200以上の戦国大名たちを統制するのに巧妙な手法を使った。それは日本列島の地形の利用であった。

日本列島の中央には脊梁山脈が走り、山脈の尾根線からは無数の川が太平洋と日本海に向かって流れ下っていた。日本列島は流域で地形的に分割されていた（166～167ページの**図6-5**の日本列島を形成する流域の地図を参照）。

家康はこの流域の中に大名たちを封じた。江戸時代は幕藩封建体制と言われているが、地形から見ると流域に大名を封じた権力分散システムであり「流域封建制度」と呼びたくなる。

流域に封じられた日本人たちは、外への膨張するエネルギーを、内なる流域開発に向けていった。

図9-1　徳島県那賀川流域地形分類図

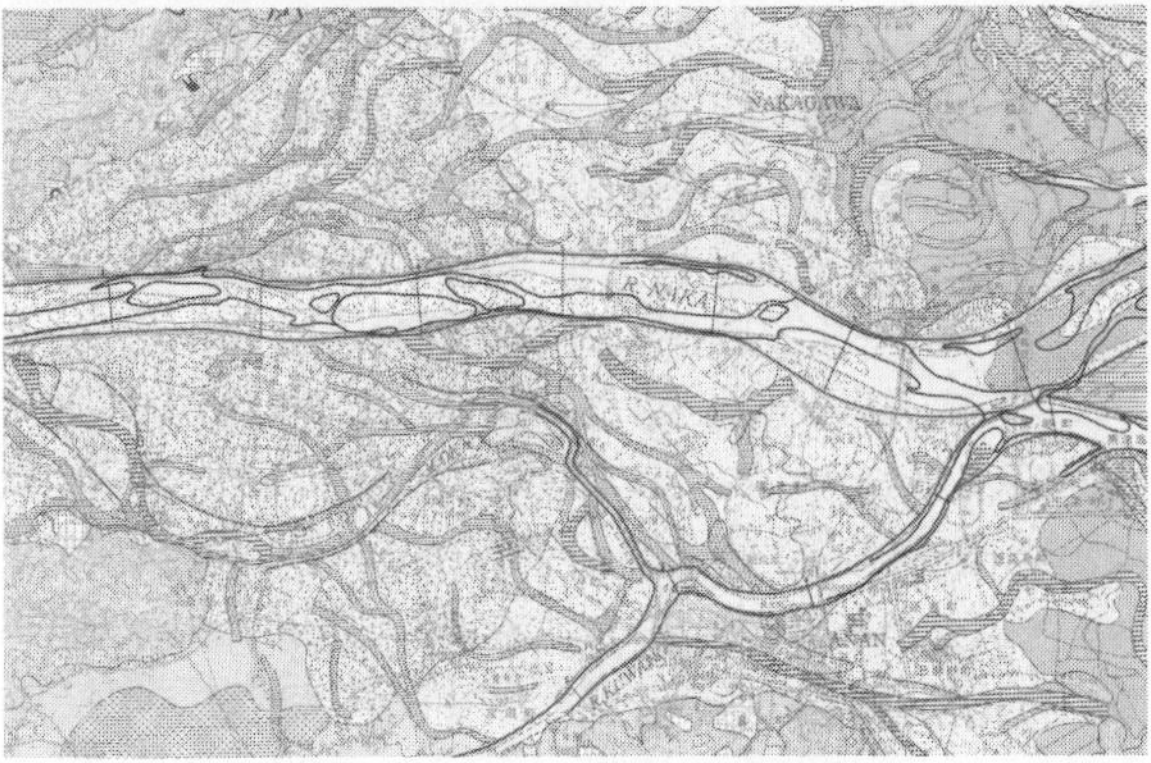

提供：国土交通省四国地方整備局那賀川河川事務所

◇——国土の誕生

　流域に封じられた人々は力を合わせて堤防を築いていった。乱流している何条もの川を堤防に押さえ込めば、湿地帯は農耕地となり米を生産できる。

　図9-1は、徳島県の一級河川、那賀川《なかがわ》の平面図である。中央の2本の太い線が堤防で、現在の那賀川を表わしている。その周辺に見える幾条もの線は、かつて川が乱流していた旧河道である。今では地下に隠れている。地質調査によって旧河道の乱流、いわばヤマタノオロチが露わに表現された。

図9-2　耕地面積と人口の変遷〔平安〜江戸時代〕

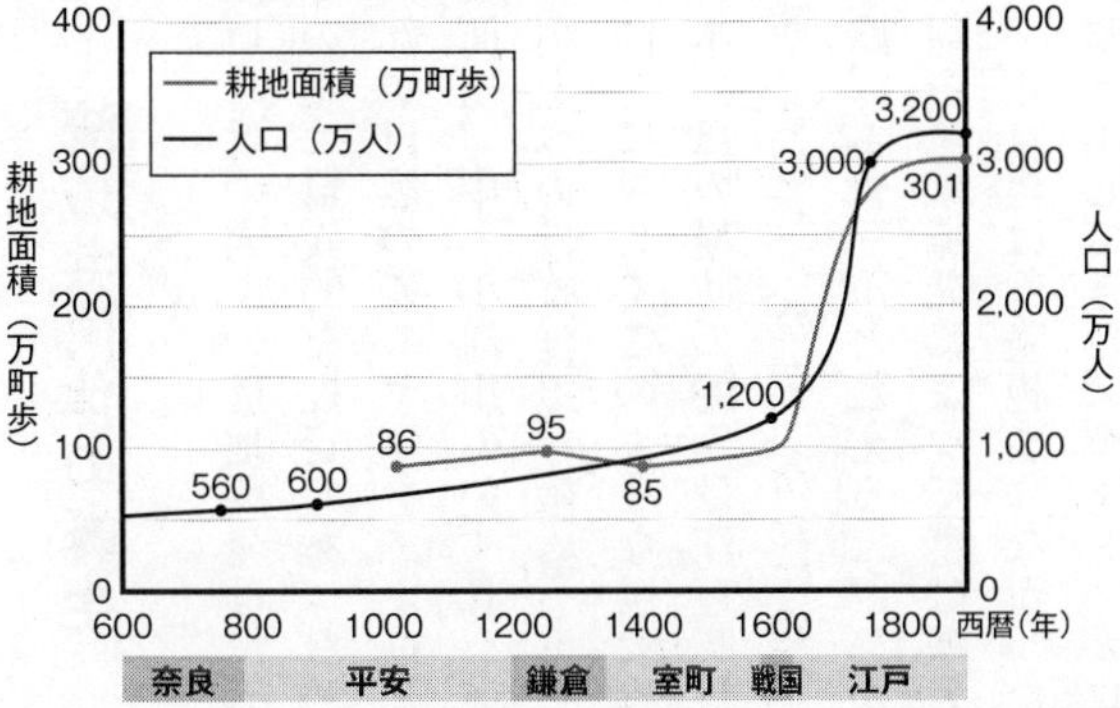

データ出典：鬼頭 宏『日本二千年の人口史』（PHP研究所）
農業土木歴史研究会編著『大地への刻印』（全国土地改良事業団体連合会）
作図：竹村、松野

これは那賀川だけではない。江戸時代、全国の沖積平野でこのように堤防が築かれ、何条もの川を堤防に押し込む工事が行われた。

日本の耕地は平安時代から鎌倉、室町、戦国にかけて90万町歩と変化せず推移していた。しかし、江戸時代に一気に300万町歩までに増加した。各地の米の生産高は急上昇し、それに伴って日本の人口は1000万人から3000万人に増加していった。**図9-2**の日本の耕地と人口の変遷図である。

◇——流域共同体の誕生

江戸時代の人々の農地開発は驚異的な国土への働きかけであった。現在の経済用語でいえば驚異的な投資であった。日本列島には大小の無数の川が流れているが、河口部が自然の姿のヤマタノオロチを残す河川など一つも残っていない。

大河川、中・小河川のいずれも海岸まで堤防が建設され、川は制御されている。この国土への投資は現在価格で表すと「億」、「兆」、いや「京《けい》」にはなる。世界史上、国土に対してこのような巨大投資をした文明国は日本だけである。

日本列島の堤防の99%は江戸時代に築造された。明治以降は堤防の強化、拡幅、浚渫《しゅんせつ》などは行ったが、新たに建設した堤防は、荒川放水路（現在の荒川）、信濃川放水路、木曽三川と数えるほどしかない。

江戸の流域開発によって富は増大した。しかし、この土地の下に潜む旧河道のヤマタノオロチは危険極まりなかった。洪水で水位が上昇すると、堤防のどこからか水が噴き出してきた。ヤマタノオロチが水を噴き出せば、土は流出し堤防は一気に破壊していく。

人々は自身の富を守るため洪水との戦いに向かった。共同体とは共通の敵がいて、その敵と戦う集団のことである。日本列島の全ての流域で洪水と戦う共同体が誕生していった。

◇──文化をつくった各地の堤防

洪水との戦いでは、堤防築造より重要なことは、造った堤防を守ることである。堤防を守るために、戦国武将の武田信玄はある仕掛けを考えた。甲府盆地の釜無《かまなし》川《がわ》は、長年、住民を洪水で苦しめていた。信玄は洪水の勢いを制御する土木技術を駆使して堤防を造った。

信玄のすごさはハードの土木に留まらなかった。堤防を強化し守るソフトな社会システムを創出した。信玄は三社神社《さんしゃじんじゃ》を堤の上流端に祀った。そして、近隣の村々から神輿《みこし》を担いで、三社神社に集まる大神幸祭（おみゆきさん）を盛んにした。いくつかの村から神輿を担いで来た男たちは、ワッショイ、ワッショイと力を込めて信玄堤を踏み固めていった。

江戸幕府と全国の大名たちは、信玄のソフトの仕掛けをちゃっかり借用していった。荒川の氷川《ひかわ》神社群、利根川の香取神社群と久伊豆《ひさいず》神社群、多摩川河口の穴守稲荷神社など地域の守り神の神社は堤防の傍《そば》に祀られ、人々が歩いて締め固める工夫をした。

神社だけではなく祭りも仕掛けられた。正月の初詣、春の花見、夏の花火、秋の祭りであった。祭りでは歌と踊りが生まれ、土地の昔話が芝居となった。人々はぞろぞろと堤防を踏み固めながら祭りを楽しんだ。堤防の祭りで初恋をして、祭りで子供の手を引き、孫の手も引いて歩いた。

流域の祭りはいつしか文化となり、人々の大切なメモリーとなった。人々のメモリーは共同体意識となっていった。

19世紀、近代という波が日本に押し寄せてきた。

◇——流域共同体の崩壊

1853年、米国ペリー提督率いる黒船が、日本人の前に姿を現した。悠々と大洋を渡ってきた黒船に日本人は心底驚かされた。近代文明の蒸気機関を見せつけられた日本は、鎖国から開国に向かった。日本は欧米列国の植民地に飲み込まれないため、一刻も早く近代文明を取り込む必要があった。

明治5年（1872年）、新橋―横浜間で蒸気機関車が走った。その汽笛が近代化への号砲であった。それ以降、すさまじい勢いで鉄道への投資がなされた。20年後には、東北、北陸、中部、関西、中国そして九州で鉄道が敷設された。

それら鉄道の行き先は、全て都会、特に東京に向かっていた。鉄道は全国の流域を横断していった。江戸260年間の流域社会は、鉄道によって横っ腹に穴を開けられた。

目の前を走る蒸気機関車を見た次男坊、三男坊たちは、もう自分を流域に閉じ込めておく必要はないことを悟った。長男以外の若者は蒸気機関車に飛び乗った。日本の若い力と資金は、故郷の農業共同体を振り切って都市へ都市へと集中していった。日本の流域共同体が崩壊する序章であった。図9-3で、日本列島の流域が横断され、東京へ向かって行く様子を示した。

北海道
①渚滑川 ⑦留萌川
②湧別川 ⑧鵡川
③常呂川 ⑨沙流川
④網走川 ⑩尻別川
⑤釧路川 ⑪後志利別川
⑥阿寒川
天塩川
石狩川
十勝川
岩木川
米代川
雄物川
北上川
最上川
鳴瀬川
阿武隈川
名取川
阿賀野川
信濃川
利根川
天竜川
富士川
東京
本州
⑫高瀬川 ㉓黒部川
⑬相坂川 ㉔常願寺川
⑭新井田川 ㉕神通川
⑮馬淵川 ㉖荒川
⑯子吉川 ㉗相模川
⑰赤川 ㉘多摩川
⑱荒川 ㉙酒匂川
⑲久慈川 ㉚狩野川
⑳那珂川 ㉛安倍川
㉑関川 ㉜大井川
㉒姫川 ㉝太田川

提供:国土交通省　作図:竹村

図9-3　流域を横断し東京へ向かう鉄道

◇――膨張する近代と行政

蒸気機関車は、若い力と資金を都市に集中させた。若者たちは口角泡《こうかくあわ》を飛ばし議論し、企業を興し、産業に従事し、家庭を営んでいった。同じ言葉を話す人々が集まった日本は強かった。近代産業は水産加工業から繊維産業、そして重化学工業へと発展し、都市は急激に膨張していった。日本はあっという間に世界史最後の帝国に滑り込んでいった。

第二次大戦後、荒廃した国土で日本国民は復興に立ち上がった。さらに人々は都市に集中していった。急激に人口膨張した都市には、全てのインフラが不足していた。住宅が不足していた。住宅を支える水道や電気が不足していた。道路は混雑し、雨のたびに町は浸水していた。

行政は役割を分担して、インフラ整備に立ち向かった。役割分担する行政の法律と制度が整っていった。人口が膨張し、ＧＤＰが膨張し、都市が膨張する社会において、役割分担する縦割行政は効率よく機能した。各行政はお互いに競い合い、自

図9-4　日本人口の推移

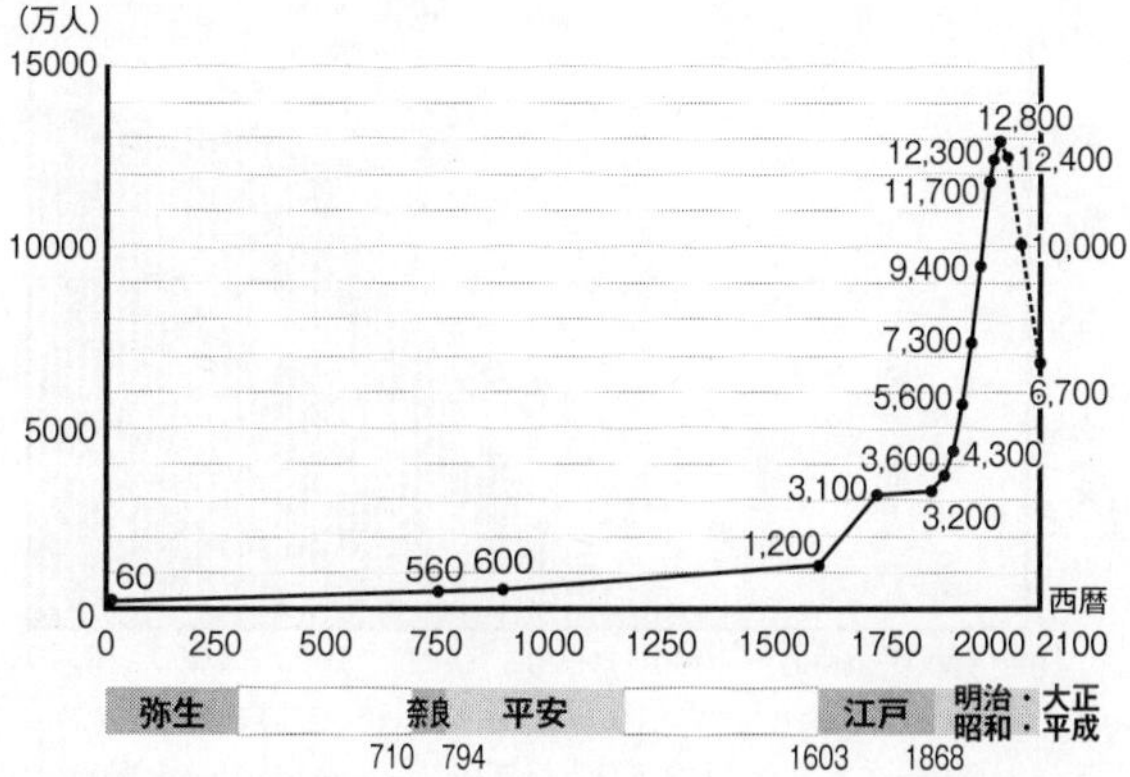

出典：「国勢調査」　※1850年以前は、鬼頭 宏「日本二千年の人口史」(PHP研究所)、将来人口は、(財)日本人口問題研究所(中位推計)による　作図：竹村

身の行政権限と予算を膨張させていった。

国民は膨張する行政に乗って安心して経済活動に向かって行った。国民の経済活動と縦割行政は両輪となって日本を世界第2位の経済大国に押し上げていった。

しかし、20世紀末、その様子が変化していった。

◇――停滞する日本経済と収縮する行政

20世紀末、日本の人口増加は勢いを失っていった。21世紀の冒頭の2008年の1億2808万人が日本の人口

図9-5　日本のGDP(名目)の推移

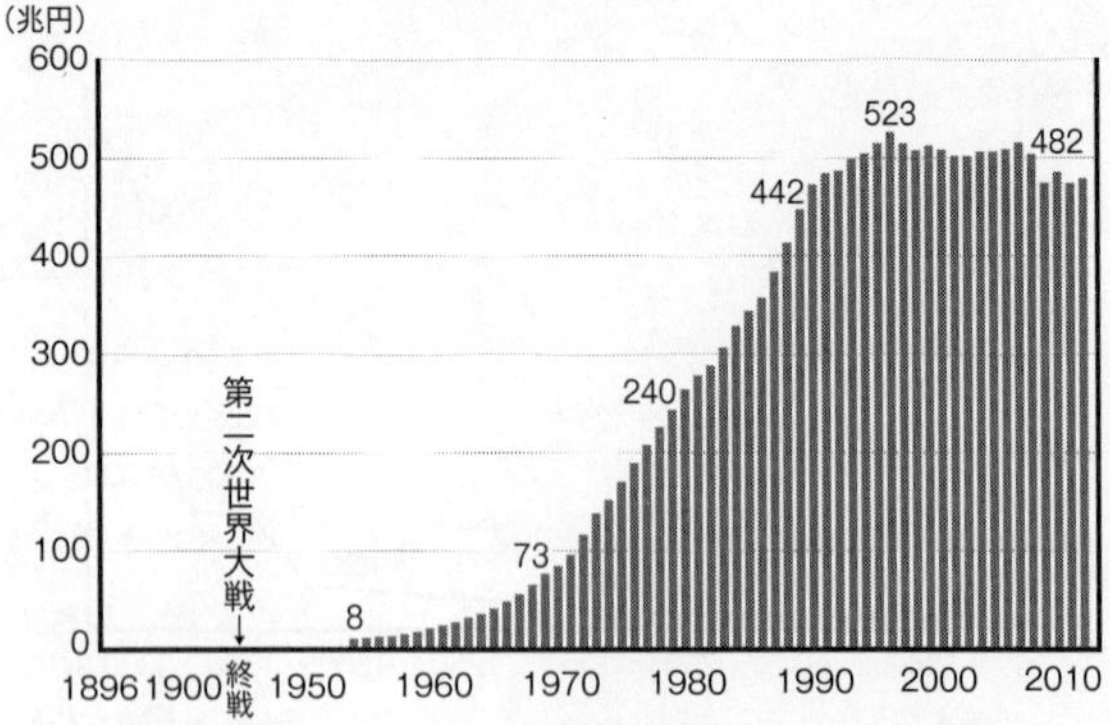

出典：「長期遡及主要系列国民経済計算報告 平成２年基準」経済企画庁、「国民経済計算年報 平成12年度版」経済企画庁をもとに竹村作成

図9-6　一般会計ODAの当初予算の推移(政府全体)

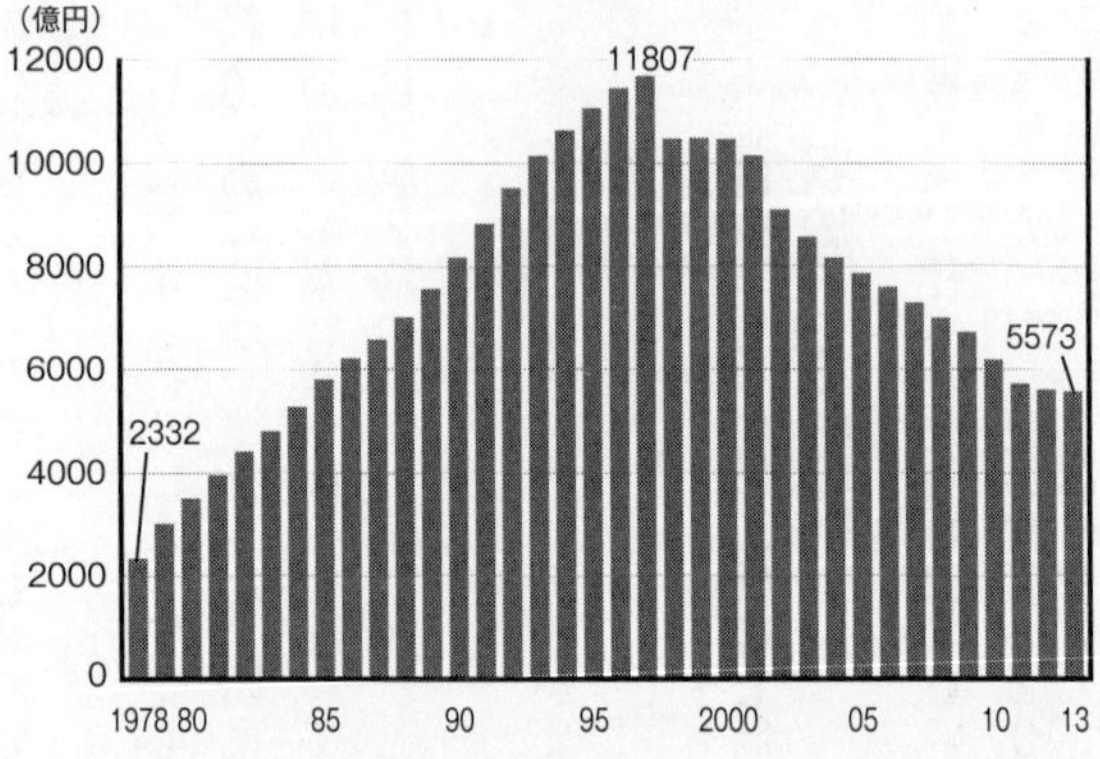

作図：竹村

図9-7　膨張した行政と国民モデル

作図：竹村

図9-8　収縮した縦割行政と国民モデル

作図：竹村

のピークとなった。**図9-4**は、過去1000年間の日本人口の動態である。日本文明は歴史上初めて人口減少に入った。

実は、人口ピークの11年前から日本経済の停滞は始まっていた。**図9-5**は、近年100年の日本のGDPの動態である。1997年（平成9年）にピークを示し、その後は停滞期に入っている。

日本経済はどうにか横ばいを保ったが、国の中央行政府の歳出は緊縮していった。**図9-6**は日本政府のODA予算の推移である。ODAの海外援助額は国債に関係なく現金ベースなので日本政府の緊縮がわかりやすい。

行政の収縮は縦割行政に隙間を発生させた。縦割行政の弊害が露わになり、国民は行政の隙間に落ち込み苦しんでいった。**図9-7**は、膨張する行政と国民、**図9-8**は、収縮する行政と国民の関係を示した。

◇――行政の陥没の穴を埋めるもの

日本行政が再び膨張するなど期待していられない。目の前で人々が行政の隙間に

図9-9　縦割行政の隙間を埋める国民モデル

作図：竹村

落ち込み苦しんでいる。どうしたら、人々が隙間で苦しまないようにするか。

道路が陥没して穴が開いた場合は簡単だ。人や車が落ちないように小石や砂を詰める。人間社会も同じである。社会の基盤に陥没の穴が開けば、社会の小石や砂でそれを埋める。

社会基盤の陥没を埋める小石や砂は、行政以外のセクターとなる。行政以外のセクターは、民間企業、NPO、市民団体である。2000年ごろ私は**図9-9**を作成した。縦割行政の隙間を埋めるセクターと国民の関係を表現したモデルであった。

イメージは作ったがこれを実装する場

はどこか？　実装するテーマと主体は誰なのか？　この図を作成した時点では、この答は得ないままであった。

それから数年たった２０１４年（平成26年）、河川行政の場で、ある言葉が登場してきた。「流域」という言葉であった。

ただし、この流域という言葉が出てくる前段にはいくつかのステップがあった。

◇——名古屋が沈んだ東海大豪雨とタブーの浸水想定区域図

２０００年（平成12年）、東海地方に未曽有《みぞう》の豪雨が襲った。名古屋市は一夜にして水の下に沈んだ。**写真９－１**は名古屋市内の浸水写真である。この災害では庄内川の堤防の破堤はなく、排水機場の故障による浸水であった。水に弱い名古屋の地形上の問題が顕在化したのだ。名古屋の惨状はテレビ放映され「自然は人間の想定を超えて襲ってくる、日本の地形は危険」という認識が日本社会に広がった。

日本人は忘れっぽい。この一瞬の時こそ、治水ソフト対策の必要性の根拠を世に出す絶好の機会であった。ソフト対策の必要性の根拠とは「浸水想定区域」であっ

写真9-1　東海豪雨名古屋市内　2000年9月12日午前6時

（同地の別日の写真）

提供：国土交通省中部地方整備局

た。浸水想定区域とは、河川が破堤又は氾濫した場合、浸水範囲と浸水程度を明らかにする地図である。

河川行政はこの浸水想定区域図に深いトラウマを持っていた。それより20年前の建設省時代、多くの河川事務所で浸水想定区域図を公表した。ところが地元の国会議員、自治体、そして不動産関係者から猛反発を受けてしまった。

建設省は無責任だ！　そのような図を作っている暇

があるなら治水事業をやれ！　地域の不動産価値が下がる！　などであった。河川行政内部でも、対象洪水規模をどうするか？　公表によって治水事業の優先度が混乱しないか？　などの難問が提起された。それ以降、この浸水想定区域図を外部に出すことはタブーとなってしまった。浸水想定区域図は建設省の倉庫の奥にしまい込まれた。

◇——浸水想定区域の公表のチャンス

昭和の後半、長良川《ながらがわ》河口堰《かこうぜき》事業は激しい市民運動の攻撃の的となった。公共事業への不信感と相まって、反対運動はマスコミを通じて激しさを増していた。

この苦境を乗り切った原因の一つに、情報公開があった。平成5年、苦境に追いこまれた河口堰事業の現場は、事業の技術情報を全て公開することにした。

この当時、行政の世界には「情報公開」という概念も言葉もなかった。建設省内部でも情報公開に反対意見が多かった。しかし、この情報公開はマスコミや世論の支持を得た。

情報公開という捨て身で、長良川河口堰事業を乗り切った河川行政は、この経験を遺産として受け継いでいた。

2000年の名古屋の東海豪雨のときこそ、浸水想定区域図を倉庫の奥から引きずり出すチャンスであった。水防法《すいぼうほう》を改正して、浸水想定区域を指定する責務を明記する決断をした。

「情報が人々の命を助ける」という認識により、国会は全党一致で水防法改正を支持した。不動産業界も反対することはなかった。

河川行政はやっと河川から流域へ飛び出すことができた。

この前段のステップを経て、「流域」という言葉が河川行政で登場してきたのであった。

◇――流域の再登場

2014年（平成26年）7月、「流域」という言葉が河川行政の舞台に登場した。「水循環基本法」が成立し、法律に基づいて水循環基本計画が閣議決定された。

図9-10　河川行政法の流れ　明治29年～令和3年

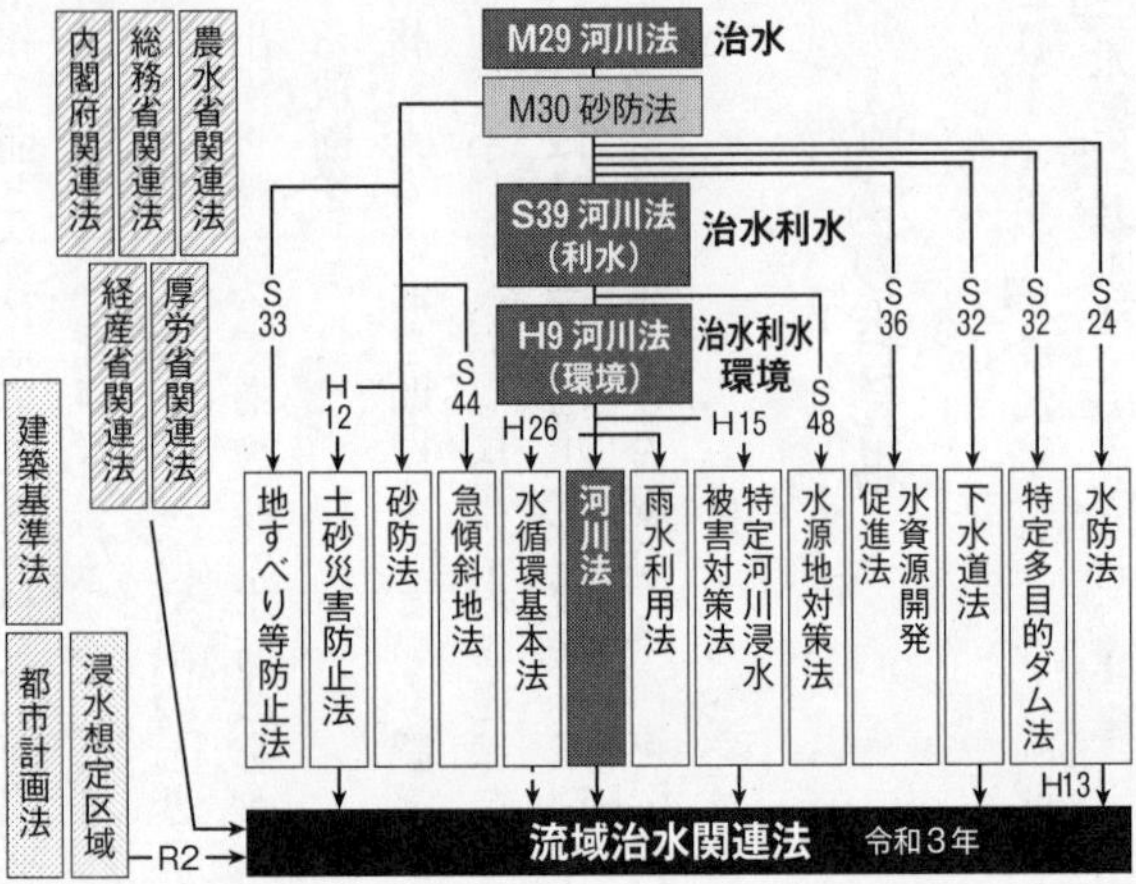

水循環基本計画の中核は、各地の流域ごとに「流域水循環協議会」を設置することであった。各流域で行政、企業、農業、漁業の住民が集まり、流域の健全な水循環計画を作成し、流域で健全な社会活動を展開していくという。

内閣官房水循環政策本部の資料では「流域水循環協議会の使命は、流域単位で各省の施策に横串をさし、一体となって推進する」となっている。中央政府の縦割りを克服するのは、命を縮めるほどの困難を伴う。そのため、地方の流域ごとに各セクターが集まり、貴重な水を分かち合い、行政と共に水環境を守っていこうという主旨の理念法であった。

２０２１年（令和３年）、さらに驚くことが続いた。国土保全の保守本流の治水で「流域」が登場したのだ。国土交通省の各局、内閣府、総務省、農林水産省、経済産業省、厚生労働省などの中央省庁が協力して「流域治水関連法」を成立させたのであった。治水は河川の中だけで守るのではない。河川から外れた流域全体で守っていく、という法律であった。

図9-10は明治29年に河川法が制定されて以降の河川法関連で制定された法律である。河川行政は社会の変遷に応じて、まるで生物の進化系統図のように多様化している。

流域治水という考え方は、明治29年「河川法」が制定されて以来、洪水に対する国土保全の大転換であった。特定の河川を除いて、従来の洪水防御は「河川区域」という「樋《とい》」の中での事業であった。河川の「樋」から飛び出し、土地利用なども考慮に入れて流域全体で治水対策をしていく、という大転換であった。

◇——再び流域へ

日本文明の明治以降の近代化で、日本人は都市に向かい続けた。故郷に残された流域共同体は衰退し、崩壊していった。大都市の人工空間には流域はなかった。大都市にも人々が帰属意識を持つ共同体があった。数年間の学校という共同体であった。40年間近い会社という共同体であった。しかし、何百年間もの流域共同体の遺伝子が身体内に埋め込まれている日本人にとって、都会の共同体は一瞬の刹那《せつな》であり、幻想であった。その共同体は経済を生み出したが、文化を生み出す空間ではなかった。

21世紀の日本の国土行政で「流域」という言葉が登場した。

流域全体で国民の生命・財産を守る「流域治水」

流域全てのセクターが参加する「流域協議会」

日本の国土保全行政が、流域ごとで新しい共同体を志向することとなった。この流域意識はまだまだ日本人に行きわたっていない。しかし、日本人の心の奥で流域への思いは留まっている。

流域は地形と気象によって造られた。その流域が何千年間にわたって日本人の心を生み育ててくれた。

◇――最前線の日本文明

国土保全行政は人々の安全と快適のために「流域」という羅針盤を提案した。

日本人は再び流域に視線を向けられるのか？

日本人は各地の流域で再びメモリーを積み重ねていけるのか？

日本人は流域で多分野連携の共同体を生み出していけるのか？

日本人は情報ネットワークを装備し、日本列島各地の流域をつないだ文明を構築していけるのか？

過去150年で日本は流域共同体を崩壊させ、都市集中の近代国家を構築した。

その日本はどうやら世界に前例のない文明反転の最前線に立つことになりそうだ。

150年後の未来、日本文明はどのように進化しているのだろうか。

第10章

日本文明インフラの礎である「治水の原則」とは？

1cmでも10cmでも低く

明治政府の近代治水事業は誤りから始まった。勝海舟が『氷川清話』（講談社学術文庫）の中で、明治新政府の治水事業を手厳しく批判している。

徳川幕府は旧・利根川の左右岸に、1線堤と2線堤、ダブルの堤防を設けて、川幅を広く取って洪水に対応した。ところが明治新政府は税収増大を狙って2線堤を撤廃して川幅を狭くし、左右岸1本の堤防だけで洪水に対応することにしてしまった。そのため、洪水計画を見直すごとに堤防を高く嵩上《かさあ》げしていくこととなった。大正、昭和、平成と堤防は高くなっていった。

堤防を高くするのは治水の原則に反している。税収欲しさの貧しかった明治新政府のミスは、その後の治水事業を混乱させてしまった。

淀川でダムの可否が議論になったことがある。2009年、大戸川ダム反対共同声明を出していた嘉田滋賀県知事、山田京都府知事、橋下大阪府知事と反対派大学教授、河川管理者代表のOBの私による討論会が催され、市民も多数参加した。知事たちは「ダムを造らないで、堤防を高くして洪水を処理しろ」と主張した。

私は、大河川ではダム群はチームになって洪水を守る、河川の水位を上げて堤防に負荷を掛けるのはよくない、と主張した。この討論会で気が付いたことは、知事はじめ一般市民に「治水の原則」が理解されていないことであった。

2019年10月12日、巨大台風19号が関東甲信越から東北南部を襲った。50河川以上で70カ所以上が決壊し、首都圏、東北では未曽有の災害となった。テレビ、ラジオそしてインターネットで水害を理解しようと様々な意見が交わされた。

治水とは何か？ 治水の原則とは何か？

地球規模の気候変動に伴い、未来の日本列島はさらに狂暴な気象に見舞われることとなる。未来の日本文明は治水から逃れられない。日本人は未来に向かって治水の原則を鮮明化しておく必要がある。

◇――治水の原則

洪水は自然現象である。自然現象は整然としていない。平然と人間の予測を超えて暴れまくる。自然に対峙する治水において、人間は自然の気ままさに振り回されてしまう。振り回されているうちに、自分たちの依るべき根拠、原則を見失いやすい。

この気ままで狂暴な洪水に対峙する際、不動の原則を持つことが重要である。そして、その原則は簡潔で、明瞭《めいりょう》でなければならない。

「治水の原則」は「洪水の水位を下げる」この1点である。洪水の水位を10㎝、いや2㎝でも1㎝でも下げる。それが治水の原則である。

前章で述べた通り、今の日本にある堤防は、99％江戸時代に築造されたものである。近代になって拡幅したり、強化したりしているが、基本的には江戸時代に築造されたものである。堤防は土で固められている。土で固められた堤防に負荷をかけてはならない。つまり、洪水の水位を可能な限り下げる。

この治水の原則は、簡単で、ぶれがない。簡単でぶれないからこそ、この原則から多様な治水の手法が生まれていく。

ただし、多様な治水の手法には厄介な問題が内在している。

全ての治水の手法は、長所と短所を持っている。絶対的に正しい治水の手法などない。

それぞれの河川で、それぞれの時代で、治水の原則に立ち、より良い治水の手法を選ぶしかない。治水の原則から生まれる治水手法は、日本文明の歩みと成長を表している。

◇――洪水をある場所で溢れさせ、川の水位を下げる

最も原始的な手法は、ある場所で溢れさせることである。ある場所で洪水が溢れれば、そこから下流の洪水位は下がる。この治水効果は絶大である。古い時代から、世界中で用いられていた。日本でもこの手法は多用された。

江戸時代、御三家の尾張徳川家は名古屋の尾張を守るため、木曽川の右岸に大きな「御囲堤《おかこいつつみ》」を築造した。その結果、400年間、尾張地方は見事に守られた。ところが、対岸の低い左岸堤防の濃尾地方は、洪水で塗炭《とたん》の苦しみを受けることとなった。やむを得ず濃尾地方は輪中《わじゅう》で村を囲み自らを守った。**図10－1**は江戸時代の濃尾地方の輪中を示す。

21世紀の今でも、中国の淮河《わいが》ではこの手法を使っている。2003年の洪水時、堤防を爆薬で爆破した。土地利用の低い地域を洪水で溢れさせ、土地利用の高い下流地域を守った。

この手法は簡単で、効果は絶大である。しかし、決定的な欠点を持っている。

図10-1　木曽三川下流域の江戸時代の輪中分布図

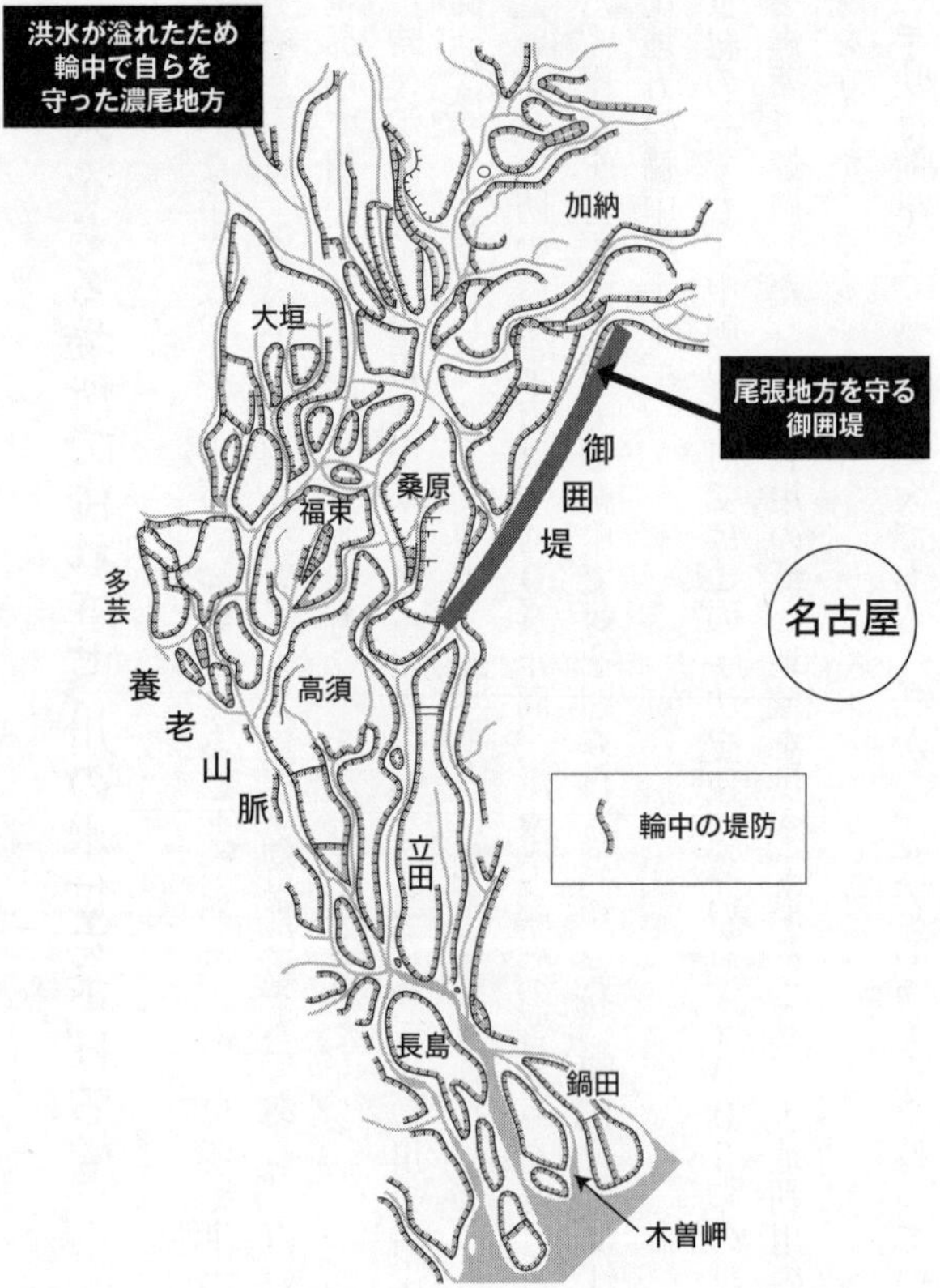

出所：木曽川下流河川事務所

社会的強者のために社会的弱者が犠牲になる点である。現代の日本社会で、この手法は合意を得られない。

◇――洪水を他へ誘導して、水位を下げる

河川の切り替えと呼ばれたり、放水路と呼ばれたりする手法である。河川を切り替えて、洪水を他の土地へ誘導してしまう。そして、川の水位を下げて川沿いの土地を守る。大都市の東京や大阪も川を切り替えて守られている。

400年前、江戸に幕府が開府された。そのとき、利根川は江戸湾に流れ込んでいた。家康は栗橋と関宿の台地を開削し、利根川を銚子へ誘導する計画を立てた。その工事は4代将軍家綱までかかり、その後も延々と利根川の拡幅と築堤が続けられた。

その結果、利根川の洪水の70％が銚子へ導かれ、東京湾へ流れる江戸川の洪水の水位は低下し、首都圏が守られている。**写真10－1**は利根川の洪水が銚子に向かっている写真である。

写真10-1　東京を守る利根川の銚子へのバイパス

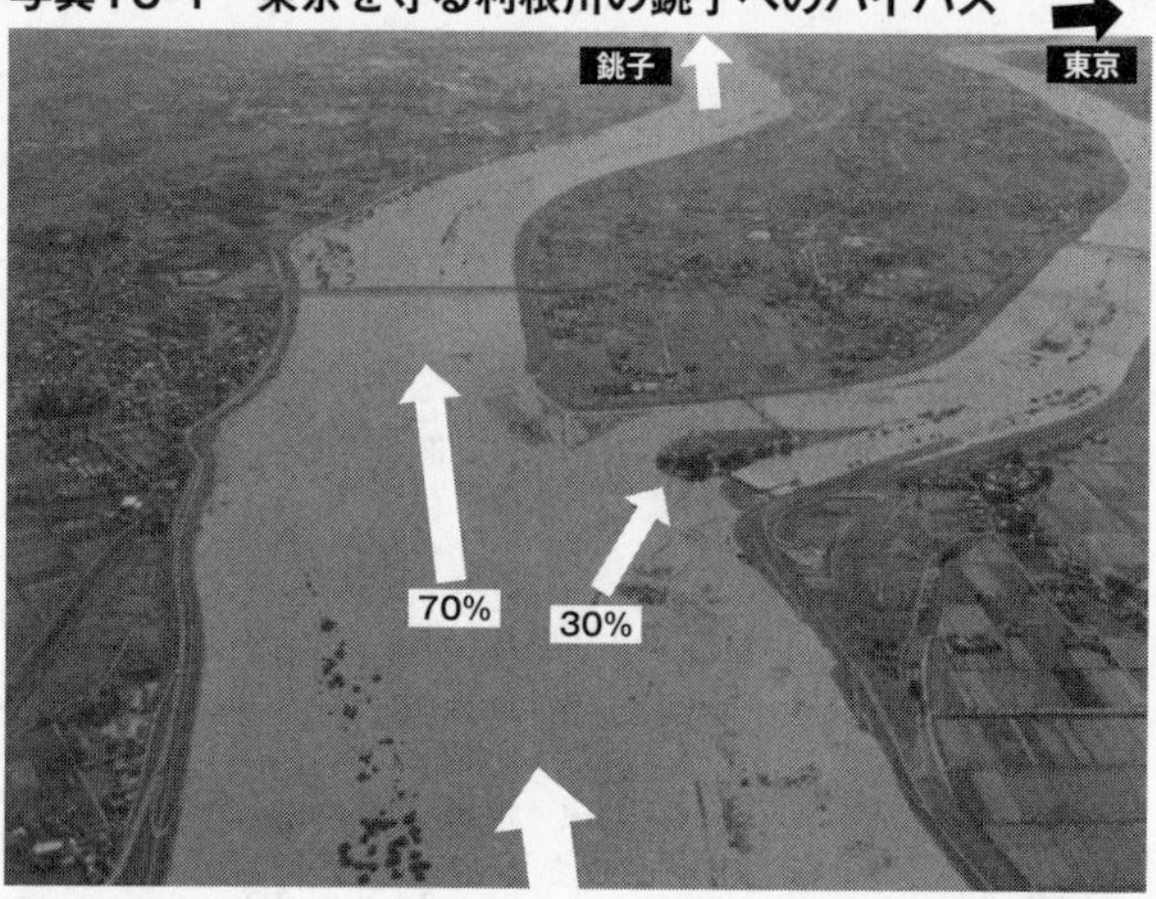

写真出典：国土交通省（一部加筆：日本水フォーラム）

この手法の効果も絶大で、東京をはじめとする南関東での河川の水位は低くなり、安全性は一気に高まる。しかし、これも重大な欠点を持っている。

河川の流れを向けられた地域は、洪水の脅威に曝《さら》されてしまうからだ。

利根川の切り替えで首都圏域は守られたが、利根川下流の茨城、千葉は何度も繰り返し洪水被害を受けることとなった。そのため400年経った21世紀の今も、利根川流域を守るため6カ所の国直轄の河川事務所が治水事業を営々と継続している。家康が開始した利根川東遷の落とし前は、400年経ってもいまだついていない。

川幅を広げて、水位を下げる

川幅を広げれば、洪水の水位は下がる。

川幅の拡幅は、地先の水位を下げるだけではない。流域一帯の水はけを良くする効果がある。

平成16年、福井市内を流れる足羽川《あすわがわ》が氾濫した。しかし、この洪水被害を最小限にした治水事業があった。足羽川の下流の日野川の大規模な川幅拡幅であった。

この日野川の拡幅は、日野川に合流する足羽川の水はけを良くした。それによって福井市内の氾濫水を速やかに排水した。もし、この日野川の川幅拡幅の工事がなかったら、日野川の水位は更に高くなっていた。日野川の水位が高ければ、合流する足羽川の水位も高いままで、福井市内は長時間にわたって浸水で苦しむこととなった。

しかし、この治水手法にも難題がある。河川拡幅には、川沿いの土地を必要とする。日本各地のどの川沿いの土地も、何百年もかけて血と汗で開発してきた貴重な土地である。河川拡幅ではその貴重な土地を潰さざるを得ない。潰される土地の所有者の合意を得ることは至難の業となる。この手法は、貴重な土地を守るために、その貴重な土地自身を潰すという自家撞《どう》着《ちゃく》に陥ってしまう。

◇——川底を掘って、水位を下げる

この手法は説明する必要がないほど簡単だ。川底を掘れば水位は下がる。当たり前だ。

この川底を掘る工事は、川の中で行われる。放水路や川幅拡幅のように新たな用地を必要としない。近代の日本社会で、用地の心配がない公共事業はこの浚渫ぐらいだ。

浚渫は洪水の水位を確実に下げ、かつ、用地の心配はない。これは美味しい話だ。しかし、美味しい話ほど、危ない落とし穴が待ち構えている。治水事業でも同じだ。

日本の河川行政は、この浚渫で重大な失敗を犯した。昭和22年、キャサリン台風が関東を襲い、利根川が栗橋で氾濫した。濁流は東京まで襲い、未曾有の大災害となった。国は利根川全域で大規模な治水事業を展開することとなった。

利根川の上流域で藤原ダム、相俣《あいまた》ダム、薗原《そのはら》ダムの治水ダムを建設した。中流域で渡良瀬遊水地を築造した。そして、下流域で大規模な川底の浚渫を行った。治水事業の全ての手法が、この利根川で勢ぞろいした。ところが、これら治水の手法の中で、川底を掘る浚渫という一番単純な手法に、大きな落とし穴が待っていた。

利根川下流部の大浚渫が完了した直後の昭和33年、利根川の上流奥深い50㎞まで海の塩水が逆流した。利根川沿いの千葉、茨城一帯の農作物は壊滅的被害を受け、飲料水も使用不可能となった。流域の人々は「潮止め堰《ぜき》を造れ」と叫び、マスコミも大きく報道した。

国は後追いで、潮止め堰の利根川河口堰を建設することにした。この痛い失敗の末、河川の下流部の大規模浚渫では必ず河口で塩水を止める、という教訓を得た。

長良川河口堰建設事業もその一環であった。長良川河口から15㎞地点の大きな砂《さ》州《す》を浚渫し、洪水の水位を下げる。その浚渫に伴い発生する塩水の逆流を防止する潮止め堰が必要であった。

下流部の大規模浚渫は、潮止めの河口堰という大規模構造物を必要とする宿命を負っている。これが自然保護市民などに理解が得られず、大きな反対運動に直面してしまった。

◇――ダム・遊水地で洪水を貯め、川の水位を下げる

ダムや遊水地は、洪水を一時的に貯め、全川の水位を下げる。極めて効率的な手法である。台風19号でも荒川、利根川でダムと遊水地は大活躍した。

しかし、この手法には克服すべき困難な壁がある。

この手法は広大な用地を必要とする。用地を必要とするだけではない。用地を提供する地先にはなんらメリットがない。メリットを享受するのは、遠く離れた下流都市である。ダムや遊水池の用地を提供する人々は、一方的な犠牲者となる。

特に、ダム事業においては、山間部の村落共同体をそっくり水没させる。人々が誕生した家、学校、森や小川、田植えや稲刈りのお祭りの思い出を根こそぎ消してしまう。

家や田畑はどうにか金銭で補償できる。しかし、水没者たちの思い出は補償できない。ダム事業とは、水没者たちの思い出を犠牲にする厄介な事業なのだ。

◇——「治水の原則」それは「洪水の水位を下げる」こと

そのための様々な手法がある。どの手法も水位を下げる。しかし、どの手法もそれぞれ欠点を抱えている。

それら手法の長所と短所を明確に示し、流域の人々の意見を聞き、流域の人々の思いに共感を示し、最後に国が責任を持って「ある手法」を選択しなければならない。

その選択で絶対的な正解などない。より良い選択でしかない。そのより良い選択のためには、情報公開と選択のプロセスの公開が必要となる。

第11章

なぜ1930年代生まれの行政官たちは、驚くべき判断を下したのか

私的世代論

文明がこのまま進行すれば、人類は極めて厳しい局面に遭遇する。水汚染、森林荒廃、ゴミ汚染が深刻になり、資源も枯渇。化石燃料の大量消費と発電所冷却温排水による温暖化は、大陸の氷河融解、シベリア凍土の融解を誘発し、百年オーダーで螺旋を描きながら不可逆的に進行していく。気候変動によって地球上の水の偏在化が進み、大干ばつと大水害が繰り返し頻発していく。

この地球未来の課題を解決し、文明を持続させていくのは私の世代ではない。次世代であり、次々世代の若者である。未来を担う次世代を考えると、いやがおうでも、大丈夫かなという不安を抱いてしまい、先輩年代との比較論が頭に浮かんできてしまう。

過去・現在そして未来を俯瞰した世代論は手に余る。しかし、私が実際に目撃した先輩たち、自分と共に歩んでいる同世代、そして私が実際にコミュニケーションしている身近な次世代、次々世代を比較表現していくのならどうにかできる。

ここでの世代論は、自分の体験を具体的に列挙した極めて個人的な世代論となる。同じ世代の間にも、大きな多様性がある。その多様な人々をまとめて同世代と表現すること自体に無理がある。その無理を承知で論を進めるので、極めて個人的という逃げ道を設けざるをえなかった。

◇――ダムからの人生

昭和45年（1970年）建設省に入省し、川治《かわじ》ダムに配属となった。私の業務はダム基礎の調査、アーチダム本体設計、そして、川治ダム基本計画の策定であった。

ダム基本計画は特定多目的ダム法に基づき作成される。ダム基本計画の案は、建設大臣が関係省庁の大臣と協議し、関係県知事の意見を求め、知事は議会の同意を得て回答して正式に定まる。手続きは極めて民主的で、公開性が保たれながら進められる。このダム基本計画がダム建設事業の憲法となる。

その大切な川治ダム基本計画の原案を、上司の指導を得ながら作成するという任務であった。

基本計画で最も重要なのが、ダム利用者間の費用負担割合である。川治ダムは治水と複数の利水者（工業用水、水道用水、農業用水）が関わる多目的ダムである。この多目的ダムは常に葛藤《かっとう》を抱えている。

治水にとって、ダムはなるべく空にしておき、洪水貯留の効果を最大化したい。もちろん、ダム建設の費用分担金は低くしたい。一方、利水者にとっては、ダムになるべく水を貯めて、渇水時に水を十分補給してもらいたい。その利水者もダム建設の費用分担金は低くしたい。

目的も分担金でも真っ向から利害が反するダム参加者たちは、ダム基本計画という場で厳しい議論をしながら合意形成をしなければならない。

困難なたとえに「針の穴にラクダを通す」という言葉がある。ダムの費用負担の合意形成は、この諺《ことわざ》にたとえられるほど困難な局面になるのが通例であった。この困難さゆえに、個別ダム現場で混乱がないようにと、怜悧な頭脳の先輩たちが、厳密に、合理的に、細部にわたり、近代的な費用負担の指針と計算手法を昭和30年〜31年に取り決めていた。

川治ダムの費用負担の割合を、関係省庁間で合意された指針に基づいて、正確に算定することが私の任務であった。

◇――ルールから外れる

川治ダムの費用負担の原案を関東地方建設局に上げた。すぐに本局から連絡があった。本局の河川計画課長が、ダメだと言っている。ダムが建設される栃木県藤原町の水道用水の負担をもっと低くしろという指示であった。

関係省庁で定めた指針通りにやっていたので困った。本局の係長もアイディアはない、川治ダムの現場で考えろ、という。やむを得ず地元町の水道の「身代わりダム」の堆砂《たいさ》容量を少なくして、ダムの高さを下げて、地元町の負担を少なくした。再度、本局に上げた。

それでも課長は首を縦に振らないという。本局の課長を通さなければ何も始まらない。ついに、その身代わりダムの堆砂容量をゼロにした。身代わりダムはこれ以上低くできない。地元町の水道負担を最小限にして本局に上げた。

それでも本局課長は、もっと負担を低くしろという。もう方法はなかった。そう答えると、本局の課長は怒って「身代わりダムを井戸にしろ」と言い出した。

その命令に唖然《あぜん》とした。身代わり施設は「ダム」と各省庁間で決まっていた。「井戸」など指針にはない。そのことを課長に言うと、顔を真っ赤にして私を叱った。「ダム水源地のためならルールから外れてもいい。関係者への説明と交渉は俺がする。お前は余計な心配するな!」。

新人の私はそれ以上反論できない。恐る恐る代替の施設を井戸にして計算した。当然、地元町の水道負担は格段に安くなった。しかし、これでは関係省庁や関係県や関係利水者が納得するわけがない。だが、川治ダムの基本計画の費用負担割合は、関係省庁間であっさり了解された。

「水没する水源地の町のためなら」と関係省庁間のルールを平然と外していく先輩をジーッと見詰めてしまった。

これが行政官としての原体験となった。

◇――道路をわざと民家にかける

2年後、川治ダムの係長として、水没地域の付け替え道路の設計をしていた。ダム完成後の地域を通過する新しい国道であった。コンサルタントから設計案が上がってきた。課長と一緒に所長室に入って説明をすることとなった。

所長、副所長、工務課長の前で説明を行った。クロソイド曲線を組み合わせた国道ルート設計であった。図面を覆うようにかぶさって見ていた所長は、図面を指さしながら「こう変更してくれ」と言い放った。道路でわざわざ2軒の民家を潰すルートにしろという。

唖然として声も出なかった。川治ダムではすでに70戸以上の水没する犠牲家屋を出している。これ以上ダム事業の犠牲者を出せというのか！　国道のクロソイド曲線もねじれてしまう。反論しようとして頭がぐるぐると混乱していると、所長の「すぐ再検討せよ」で会議はあっという間に終わってしまった。

その夜、泊まり込みの合宿所で工務課長を捕まえた。酒を飲みながら突っかかりながら聞いた。「所長はなんであの酷い指示をしたのか」。工務課長は笑いながら「所長は喜んでいたぞ。あの2戸を補償できることになった。あの家屋はもともと水没しない。だから道路をかけて補償することを前から狙っていたんだ」という返事であった。

意味がわからず「えー、なぜ？」と聞き返すと、「水没する人々はダムで補償されて、まとまって新しい代替地に移転する。しかし、あの2戸は水没しない。村の皆から残されていたんだ。残された人の気持ちになってみろ！」と睨《にら》みつけられた。ダム建設事業でそこまで考えなければならないことを知った。

これがダム事業の犠牲になる方々への原体験となった。

◇――真似するな

5年後、30歳代になっていた。福島県会津若松市の大川ダムの調査開発課長として赴任していた。

大川ダムの河床には厄介な大断層が走っていた。安全なダムを設計して、施工計画を立てるという任務であった。ダムの安全に関する重要な設計なので、地方建設局はもとより本省へ何度も通い打ち合わせを繰り返した。

本省河川局の開発課の国直轄ダム担当補佐との打ち合わせを繰り返した。その補佐に繰り返し大声で言われたことが「前例を真似するな！ 自分で考えろ！ 先輩がやったことを踏襲するだけならダム技術者失格だ！」であった。狭い開発課の部屋で、補佐の横にはダム先輩の専門官や課長が座っていた。その先輩たちのダム技術を無視しろ、と言わんばかりである。しかし、それを耳にしているはずの諸先輩たちは平然と作業をしている。

大川ダムの地質との戦いの結果、私はダム本体の下にコンクリートのマットを設置する設計に至った。河床断層をカバーする前代未聞のマット形式の重力ダムであった。本省の補佐は「ここまでやったら技術じゃないな、意地だな！」とニコニコ笑って了解してくれた。

これがダム技術者としての原体験となった。

◇――無視しろ

巨大なマットにしたことで、これをいかに施工するかの難題に向かった。当時、本省の室長は新しいダム施工法を模索していた。ダンプ運搬と振動ローラーの組み合わせによる機械化施工であった。大川ダムで早速この試験を実施することになった。このコンクリートの問題点は、従来の土木学会のダムコンクリート標準仕様書に全く当てはまらなかったことだ。

室長にそのことを相談すると、私を一喝して「無視しろ」であった。土木学会が決めていたダムコンクリート標準仕様書を無視しろという。このころ私もダム技術者になりかけていたので、その先輩の激しい指示を聞き「わかりました」と素直に応じた。

この新しいダムコンクリートは、堤体形状を大きくして応力を小さくし、セメント量を極力少なくする。セメント発熱温度を抑制し、固練りコンクリートを使用することで機械化施工が可能となる。従来のダムコンクリートと真逆なRCDコンクリートが誕生した。その後、この工法は日本国内で一般的となり、世界中にRCC工法として広がっていった。今では世界のダムの標準仕様にまでなった。

先輩の大胆な判断による、世界に誇る日本ダム技術の誕生であった。

◇――苦しいから楽しもう

36歳になり、河川局の河川計画課の国際担当補佐になっていた。その私にあるニュースが飛び込んできた。1984年に米国ニューオリンズで河川博覧会が開催される、日本にも参加してくれ、というものであった。

当時、全国の堤防事業やダム事業はメジロ押しであった。限られた河川予算は全く足りずそのやりくりで苦しんでいた。そのため博覧会への参加はどうせ無理だろと考えた。課長と相談して、いちおう局長に上げることにした。

河川局長はジーと私の説明を聞いたあと、「参加しよう。予算が苦しいときだからこそ楽しいアドバルーンを上げよう」との鶴の一声で決まった。予算が苦しいから楽しいことをやろう。その発想に驚いた。

この河川博覧会は正式な国際条約上の博覧会であった。日本館、映像、展示、イベント、運営などで、当時の予算を今の価格に直すと約100億円以上になる。河川行政は旧内務省から生まれた中央政府の中でも国内派の最右翼である。河川行政の国際協力は、JICA（国際協力機構）のお付き合い程度であった。海外、それも米国の国際博覧会に参加してどれほど価値があるかわからない。

その後、その河川局長はしかるべき国会議員たちへの事前説明に歩き回った。随行していた私は、国内派の河川局長が米国との関係、国際的知識を広げる必要性について国会議員に熱く説明する背中を不思議な思いで見詰めていた。

◇——自分でやれ

国際博覧会は通産省（当時）の所管である。建設省は国際博覧会など全く経験がなかった。建設省だけでこれを実施するのは困難だった。不安を抱えて通産省へ相談しに行った。建設省が予算確保をしたことを通産省は喜んでくれた。建設省は国際博覧会の経験など全くないことを通産省は知っていた。「国際博覧会は通産省のジェトロが専門である。全面的にジェトロが受けていく。安心してくれ」。これを聞いてホッとして河川局に戻って、河川計画課長に報告した。その瞬間、課長は急に怒り出した。「建設省の予算だ。建設省が苦労しなければ意味がない」とこっぴどく叱られた。

結局、私がニューオーリンズ国際河川博覧会に派遣されることとなった。全く前例がない、誰も指導してくれないプロジェクトである。失敗は許されない。預かった予算を、将来の河川行政の糧《かて》にしなければならない。どうなることやらと先輩、同輩、後輩たちが心配そうに見守る中で2年間のプロジェクトが開始された。

このプロジェクトは無から有を造り出す。実は、これはダム現場と同じであった。何もない山の渓谷で巨大なダムを造り上げていく。ダムのアナロジーを思いついたら気が楽になった。ただし、このプロジェクトには河川局の先輩、同輩そして部下もいない。自分で考えて、自分で創り上げるしかない。十数年間、ダム現場で仕込まれた「前例などない。自分で考えろ」の世界に突入していった。

貴重な河川局予算を未来の河川行政の夢のためにと、大胆な判断をした局長。前例がない国際博覧会を自らやれと命令した課長。そのような無謀とも思われる判断をする上司たちに押されて、先が見えない事業に向かっていった。

◇──先輩の背中を追った人生

その後、私は宮ヶ瀬ダム所長、中国地方建設局の河川調査官、本省の河川局開発課の専門官・調整官、中部地方建設局の河川部長、河川局の開発課長、近畿地方建設局の局長、河川局長と転任し、行政を引退した。

実は、どのポストにおいても先輩たちのかつての激しい命令は役に立った。どの場面でも、あの先輩だったら何を考えるかな、と自問して判断をしていった。

宮ヶ瀬ダムの所長では、ダム堤体を一般に開放する仕掛けをした。

中国地方建設局の調査官では、２つのダムの地元負担を思いっきり少なくした。

本省の開発課調整官では、公共事業に反対する市民たちを会議室に招きいれ、議論を繰り返した。

中部地方建設局の河川部長では、長良川河口堰事業の技術データを全て公開した。同じ中部地方建設局で、水没者の反対で行き詰まっていたダム事業があった。私は部下たちが驚愕する中、さらにダムを高くする決定をした。そのことによって水没戸数を増やし、水没残存家屋をなくして事業を前に進めた。

本省の開発課長のとき、反対で行き詰まっていたダム工事を幾つか休止した。「一度始めたら公共事業は止まらない」というキャッチフレーズが流布《るふ》していた時期であった。

近畿地方建設局の局長のとき、長年、反対運動で頓挫していたダム事業があった。過去に例がなかったが、ダム建設地点を変えた。ダム計画も全面的に変更してしまった。

河川局長のときには朝日新聞とインターネットで公開討論を繰り返した。水防法を変更し浸水想定区域を世の中へ出した。さらにソフト政策として新しい土砂災害防止法を成立させた。

私は何か新しいことをしたように見える。しかし、いつもその場その場であの先輩だったらどう判断するかという思いで、目の前にいない先輩の顔を見上げながら判断していった。

異常な経済発展

60歳を超えたころ、とみに当時の上司たちを思い出すようになった。あの上司たちの「凄さ」が不思議に思うようになってきた。なぜ、彼らはあのような大胆な判断をしたのか？　1人だけではない。私が仕えた先輩はそろって大胆で、かつ正確であった。

あるとき、ふと気が付いた。私を指導した先輩はみな、戦前の1930年代（昭和5年～10年）生まれであった。2023年の現在、88歳から93歳になられている。私は1945年10月生まれの戦後っ子である。1945年生まれの私は常に1930年代の先輩の指導を受けてきた。技術や行政の事柄だけではない。世間のこと、社会のこと全てを彼らから学んだ。

社会人の私は、1930年代の先輩だけに従った人生であった。だからと言って、その先輩たちと同じ姿勢にはなれない。あの強烈な凄さに少し戸惑ってしまう。一歩引いてしまうこともある。

私が弱いというわけではない、誰にも負けない強気を持っていると自負している。しかし、1930年代の先輩たちにはどうしてもついていけない点がある。長い間、それは何かという疑問に包まれていた。

つい最近、日本の戦後史を勉強するため**図9-5**（222ページ）を作った。私はある事象を考えるとき、まず図形を作ってから言葉を紡《つむ》いでいく癖がある。図形が中心で、言葉は付け足しのようなものだ。

この**図9-5**でどうも腑に落ちないことがある。戦後から1990年までの異常な経済成長である。

１９４５年の敗戦時、日本の主要都市と工業地帯は米国の爆弾で焼け野原になっていた。その焼け野原から日本は立ち上がった。ゼロからの出発ではない。マイナスからの出発だった。

その日本のＧＤＰは１９９０年まで右肩上がりで４００兆円を超えて、世界第2位までになった。これを伸率で表現すると無限大といってもよい。「朝鮮戦争の特需があった」と説明されているが、これほどの伸びを説明するには不十分だ。この成長には膨大な資金が投入されたはずだ。私は経済の専門家ではない。この不思議な現象に関して、これ以上のコメントをする能力はない。

一つだけはっきりしているのは、この異常な高度成長の40年間を担った人々は、１９３０年代に生まれた人たちだったことだ。

◇――墨を塗った世代

１９３０年生まれは、１９５０年で20歳、１９７０年で40歳、そして１９９０年で60歳となる。まさに日本の経済成長を担った年代である。この年代は小学校、中学校時代に敗戦を迎えている。この年代は長い日本史の中でも異常な体験をしている。敗戦を挟み、強制的に価値観を一変させられた。それまで慣れ親しんできた教科書を、墨で真っ黒に塗った。教師が墨で塗ったのではない。自分で塗ったのであった。GHQに命令されたのではない。信頼していた教師に命令されたのであった。

写真11-1の教科書は、子供たちが兵隊さんごっこをしている場面である。歩兵と騎兵と砲兵の兵隊さんがいる。この兵隊さんは戦地に行っている父親であり兄であった。戦死したおじさんであり、負傷して傷痍軍人《しょういぐんじん》になった従兄であった。子供たちが大好きで尊敬してやまない兵隊さんである。その兵隊さんの話を自分で墨を塗って真っ黒にした。自分の父親や叔父さんたちを墨で潰した。

墨を塗りながら子供たちは何を考え、何を感じたのか。自分の気持ちを言葉で表現できる年ではなかった。小学生、中学生は、声も出さず真っ黒い墨を塗っていった。自分の心を墨で塗っていった。

この経験をしたある老婦人に話を聞いたことがある。その婦人は何十年経ってもそれを言葉で表現できていない。最後には涙を流し「悲しかった」としか言わない。

間違いなく断言できることがある。彼らが大人に深い不信感を持ったことだ。大人を信じられないことは、社会を信じられないことである。既存のルール、既存の基準、既存の約束を信じられない。社会の中で信じられるモノ、頼るべきモノを失った子供たちは、焼け野原を自分だけで歩き始めた。誰にも頼らないで、自分だけで考える世代が日本社会に登場した。

誤解を覚悟で言おう。日本国を愛しているがアナーキーな人々の誕生であった。

◇――自分で考える

判断は自分で行う。前例がなくてもいい。新しい手法を考えて前に進む。この迫力がなければ、あの信じられない高度成長時期を乗り越えることはできない。現在の行政官、企業人は、右見て、左見て、下見て、上見て、結局、動かない。これとは正反対だ。この凄さが1930年世代である。

写真11-1　墨塗りの教科書

東書文庫所蔵

川治ダムの費用負担で、各省間の約束を破り「井戸」を指示した関東地方建設局の河川計画課長。1930年代生まれのその課長は、その後、河川から飛び出して流域全体で治水する総合治水事業という途方もない手法を生み出した。河川法は「樋《とい》の河川」を管理する法律である。その樋の法律を飛び出してしまった。

道路計画でわざと民家に道路ルートをかけたダム所長。ダム技術では前例を真似するな、と言い続けた開発課専門官。既存の土木学会基準を無視して、全く異なるダムコンクリートを命令した室長。国際河川博覧会への参加を決断した河川局長。通産省に頼らず無手勝流で米国に私を送り込んだ河川局の河川計画課長。みな1930年世代の方々であった。

現在の行政官、企業人から見れば、信じられない判断をする人々ばかりであった。

◇――私的世代の構造図

図9－5の戦後の経済成長図に、1930年代生まれの「第1世代（1G）」の人生を書き入れてみた。10歳代に終戦を経験し、20歳から60歳までの働き盛りが、見事に高度急成長とマッチしている。それが**図11－1**である。

次に1945年生まれの自分の「第2世代（2G）」を入れてみた。20歳から40歳までは、第1世代の後をピッタリ追っている。**図11－1**は、戦後の日本国の歩みと、日本社会の変化に影響された年代層の存在が浮かび上がってきた。この図を読み解くのが私の個人的世代論となる。

第1世代(1930年代生まれ)

・小・中学生のときに教科書に墨を塗った
・20歳ごろ社会人になったとき、日本は焼け野原であった
・大人、先輩を信じず、前例に頼らず、自分の考える道を進んでいった
・30歳ごろから日本経済の成長が開始され、40歳代で社会の中堅として高度経済成長を担った
・経済成長に応じた仕事第一主義で、凄まじいエネルギーで仕事に向かった
・60歳代では、社会の責任者として奇跡の日本の高度経済成長を指導した
・1995年以降、日本社会は経済沈滞と停滞に入って行った。第1世代はその直前に引退していて、日本社会の停滞と沈滞を経験していない

第2世代(1945年〜1950年)団塊世代

・幼いころ大切なものを墨で塗る経験はなかった
・貧しかったが、平和の中ですくすくと育った
・学生運動で勝手に転ぶことはあったが、社会からこっぴどく裏切られた経験はな

図11-1　日本のGDP（名目）の推移と世代

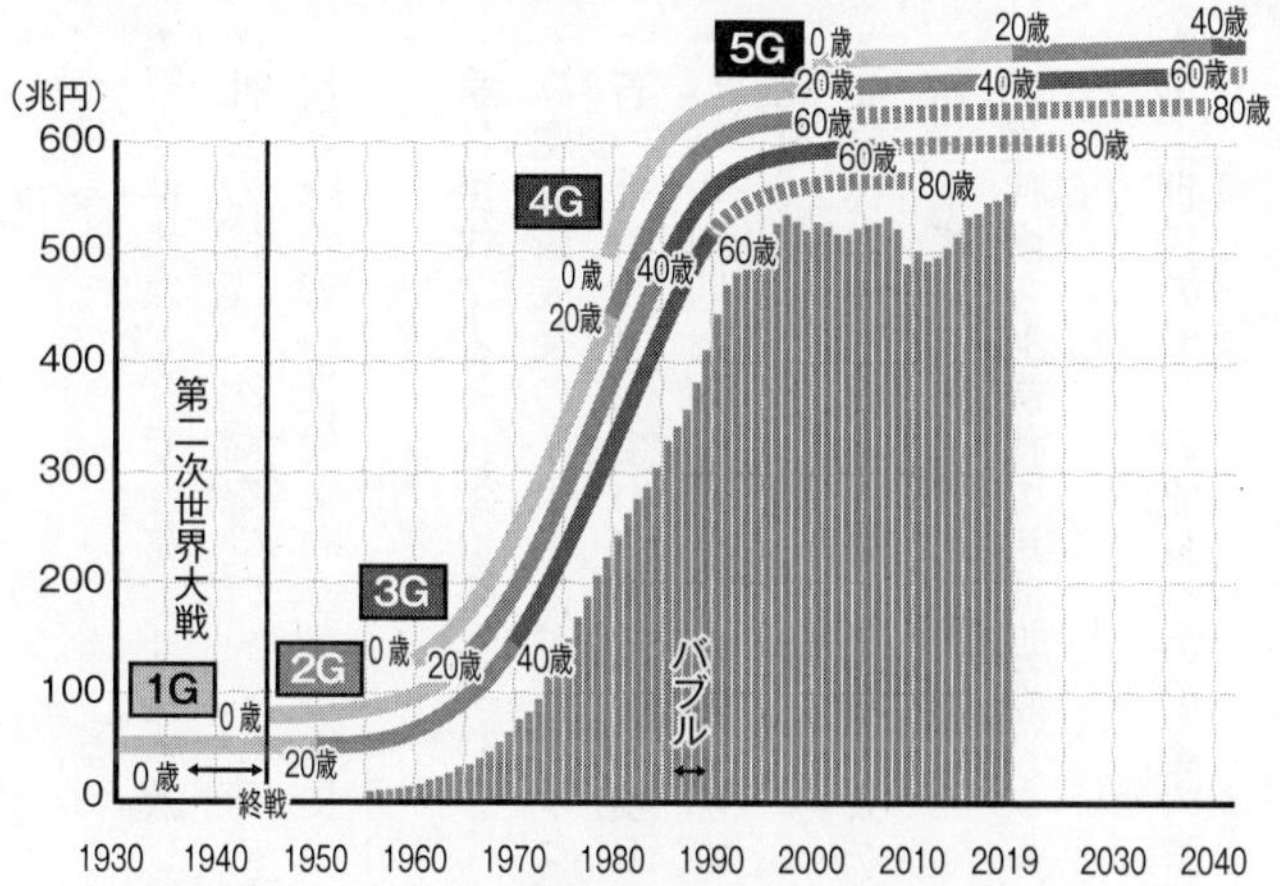

出典：内閣府ホームページ「国民経済計算 平成２年基準、平成12年基準及び平成23年基準」をもとに作成　作図：竹村

い

・社会人としての先人は、生涯を通して第1世代であった

・高度経済成長下で、安心して第1世代の背中を追い続けた

・第1世代の自立性と前例に頼らない激しい遺伝子を少し受け継いだ

・50歳代で社会の責任者になったとき、日本は停滞、沈滞時期に突入していた

・責任者として、高度経済成長が終わり、膨張できない社会になったことを肌身で知った

・第1世代は第2世代を部下と思い、引退しても現役と同じ気持ちで声を

かける

- 第2世代は、今でも第1世代の激しい前向きの姿勢にたじろぐ
- 社会の停滞、沈滞を受け入れ、その停滞は構造的とあきらめ、第2世代は第3世代以降の若い世代に向かって成長への発破をかけない

第3世代（1960年以降生まれ）

- 高度経済成長のピークに差し掛かっている時期に社会人となる
- 若い社会人としてバブル景気の蜜を少しだけ吸った
- バブル崩壊と共に社会は停滞、沈滞に突入し、30歳代の働き盛りを停滞の中で過ごす
- 40歳代の中堅でも停滞、沈滞社会が続き、それは社会の責任者となった60歳まで継続している
- 20歳代から30歳代で垣間見たバブル。その後の停滞、沈滞の中でもがき今日《こんにち》に至る
- 第1世代の激しい成長への姿勢の噂は第2世代から聞く。しかし、それは遠い昔

話でしかない

- 第1世代の遺伝子を持った第2世代の先人は何人かいるが、それは単に変わり者の先輩でしかない。第1世代の遺伝子は第3世代へ継承されていない
- 第3世代は、自分の生き方に合った尊敬する先輩世代を見つけられない
- 第3世代の社会の指導者としての価値観の拠点は各個人によってバラバラである

第4世代（1980年以降生まれ）

- 社会に入ったときは、もう日本社会は停滞し、沈滞期に入っていた
- 社会人になっても、経済成長はなく停滞、沈滞が継続している
- 経済成長という言葉は知っているが、それを体験したことはない
- 先輩の第3世代を見ても、成長をリードする先輩としては見られない
- 経済成長の意味もわからず、日本社会の漂流に流されてしまっている
- 政治家やマスコミは経済成長を声高に言うが、その意味が自分のものにならない。その手法もわからない
- 新しい課題に挑戦する意味が理解できないし、その手法もわからない

◇――戸惑ってはいられない

戦後の経済成長は製造業の成長がリードした。今、その製造業は世界各地に散らばって発展している。その製造業を支える若者は、世界各地の若者になっている。もう日本国内に製造業を担う世代はいない。

現在の日本国内で唯一伸びている分野が「IT分野」である。若者は欲望に溢れていて野心的である。野心的な若者が、伸びを見せているIT分野に向かっていくのは当然である。小さな子供が「将来はユーチューバーになる」と言っているのを聞いて、第1、第2世代は全く理解不能となり、頭痛さえ感じてしまう。

第1世代、第2世代と、未来社会をリードしていく第4世代以降のギャップはあまりにも大きい。

未来の人類と、未来の日本社会には、厳しい危機が待ち構えている。

地球規模の環境破壊、資源の逼迫《ひっぱく》、気候の狂暴化は間違いなく襲ってくる。この危機を次世代がいかに乗り越えていくのか？

その難局に向かう次世代の若者に、何を伝えたらいいのか？

次世代の若者の心に響くには、どういう表現をしたらよいのか？

その答えは簡単ではない。しかし、図11－1のような世代間の構造のモデルを各分野で整理することで、その答えがボンヤリ見えてくるかもしれない。

第2世代の私の使命ははっきりしている。

必ず襲ってくる地球の危機と日本社会の危機を乗り越えるために、あの第1世代の自立した強い思考と気構えを、第3世代以降に確実に伝えていくことだ。

その使命を自分の世代の宿命としてやり続けるしかない。もう私の前にあの頼りになる先輩の背中はない。

あとがき

◎日本人の羅針盤

日本人とは不思議な共同体である。生態学の世界で表現すると貴重種である。この貴重種は絶滅せずに生きのびることができるのか。

不思議な日本人の特性は、日本列島の地形と日本の気象によって形成されてきた。この日本列島がある限り日本人は生き続けられる。地球規模の危機や列島を襲う災害があっても、日本列島はそれらを乗り越えられるエネルギーを内在している。もう一度、日本人は日本列島に視線を注ぐときが来ていると考えている。

全てのものを餌として膨張していくグローバリズムは、日本社会にも浸透している。この状況下で日本人が生きのびるため、地形、気象から日本人の羅針盤を提起できるのではないかと考える。

本書の構成は、大きな時空間と大きな概念を扱う展開から、極めて微細な個人的レベルまで含まれている。河川の仕事を通じて考えたことと個人的経験に基づいて執筆したが、何かを伝えることができただろうか。日本列島と日本人への思いに任せて記述していた拙文を、丹念に編集してくれたＰＨＰ研究所の西村健さんがいなかったら本書はなかった。心より感謝してあとがきとする。

本書は、『「新」経世済民新聞』（メルマガ）に発表された原稿と、『時の法令』（朝陽会）に連載された内容をもとに、大幅に加筆・修正、再編集をしたものである。